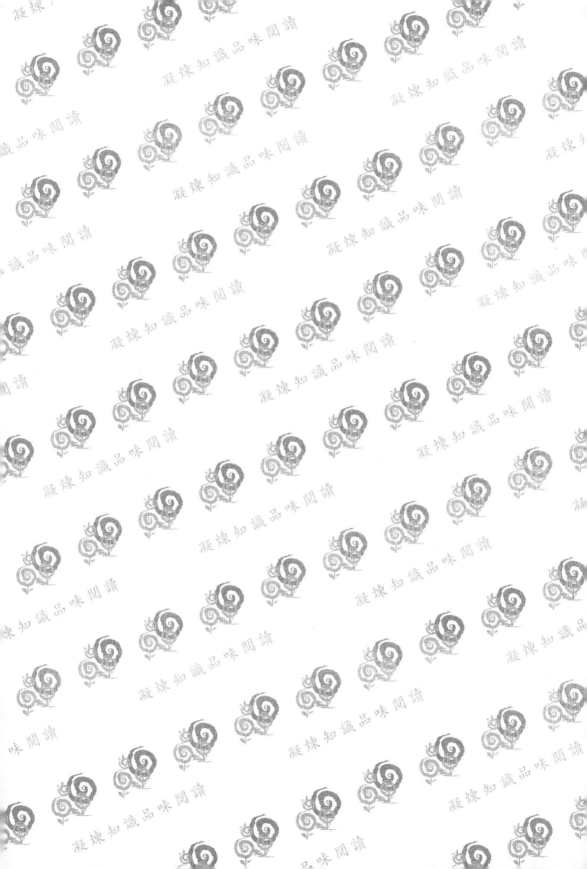

文化資源導論

王志明 著

五南圖書出版公司 印行

CONTENTS
目　錄

第 ① 章

文化資源導論

　　所謂「文化」有許多不同的定義，有從精神面著手，認為文化是無形的、精神的，形上的，例如價值觀、意識形態、宗教信仰……等。有從物質面下定義，認它是有形的、唯物的、形下的，馬克斯思想屬於這一派，另外有人對文化定義為「人類技術的總體」。兩者都有他們的邏輯，都有他們的道理。而民國初年學者錢穆所著〈文化學大義〉一書，指出文化三部曲，時隔多年，仍為人津津樂道的文化三部曲即出自此書。錢氏指出文化有三個階段，第一，物質的，食衣住行；第二社會的，制度、法令的；第三，形上的，宗教、藝術或人本的。

　　而文化資源在幾年前（2006）幾乎很難找到定義，近年來隨著各國重視文化產業，文化資源相關的單位與大學科系逐漸嶄露頭角，例如美國文化資源協會、加拿大新思科系亞（Nova Scotia），海利法克斯（Halifax）、文化資源經營管理集團公司和臺南大學文化與自然資源學系（以下簡稱文資系）。但是文化資源的定義並不像文化有200-300個那麼多！相反的，各學術單位對文化資源的定義非常欠缺，而且偏向藝術的或形而上的，例如美國紐約州州立博物館所界定的文化資源包含人類學、傳統、建築等；北卡羅萊納州文化資源學系所涉及的範圍則為藝術、文學、公共服務、科學和語言學。而本校文資系的「文化資源導論」一課，由筆者本人教授，經過兩年的努力，得到以下結論，所謂文化資源指的是對人類有用的東西，資源從中文字來看，是從貝，指的是財物，從英文來看，Resource是由 Re 和Source二字組合而成，Source可以是眼、耳、鼻、口各種感官而得到，至於Resource字面上的解釋是再次的Source，或者再感官，含有強烈的價值意涵，也就是情人眼裡出西施。同樣一個人，對某甲是美女，對某乙卻是蛇蠍！再舉一例，對於位處亞熱帶的臺灣，冰雪是一種吸引人的資源，臺灣諺語說：「第一賣冰；第二作醫生」，可見夏天賣冰有多麼受歡迎。有一年（2005）臺南縣政府暑假在虎頭埤舉辦水與綠的

嘉年華會，會場有一台冰雪製造機，所製造的冰雪供不應求，往往還來不及在地面形成雪景，半途就被遊客搶撥一空！冰雪在夏季的臺灣受歡迎的程度超乎想像，到了冬季，不畏冰寒的臺灣人總是把積雪的合歡山擠爆，所以說冰雪在臺灣是一種資源。場景轉到阿拉斯加，每年10月到翌年4月，大半年的阿拉斯加是個冰封的世界，人們每天出門都需要與冰雪作戰，先以熱水將凍結的車門與引擎蓋給澆化開，跟著開門將堆積如山，通往巷道公路的小路上積雪剷除，才能開始一天的活動，冰雪會阻斷他們的經濟活動，甚至奪走居民寶貴的性命！因此說，冰雪對於住在阿拉斯加的居民而言，是一種垃圾。同樣一種東西，對於某種價值觀或居住環境的人而言是資源，對另一種人卻可能是垃圾。Resource指的就是物質或非物質經由人的價值體系判斷之後，認為有用的一種東西！而文化資源指的是文化經由價值判斷認為有用的東西，或簡稱為文化有用的部分！再舉例來說，宗教是一種文化活動或信仰，教堂就是文化資源，當我們談及文化觀光，我們到了歐洲，聖經與宗教儀式對於非教徒不是資源，但是觀光客都會前往巴黎聖母院、威尼斯聖馬可教堂和德國科隆大教堂，教堂裡讀怎樣的聖經，信基督教或天主教，倒不是最重要的了。所以說宗教是文化，宗教建築是文化資源。

第一節　文化與文化資源

一、文化的意義

　　文化的定義很多種，有人說有164種，另外還有300種以上的說法。歐洲在工業革命以後將文化視為文明的程度，那時候的帝國主義或殖民主義去到文明落後的大洋洲或非洲，就把自己的文明強加在原始部落上。美其名說要提升原住民的文明，或者強姦、殺害，只因為

他們不穿衣服，於是視爲只是一種動物！

　　文化也是一種穩定社群的機制，首先它是社群的，而非個人的。一個人有隨手關燈的習慣，不是文化，一個人喜歡騎自行車也不是文化，除非一群人常常喜歡騎單車通勤或旅行，那麼我們可以說這種行爲與「節能減碳」概念融合爲一種文化。

　　除了一群人經常的行爲是文化的要件之外，穩定社群也很重要，例如宗教信仰通常是討論生死與道德，一群人有宗教信仰是有助於社會穩定與文化傳承。又婚姻制度常常是一夫一妻，一男一女，一生一世，違背了此一原則，偶有一夫多妻就會造成吃醋或紛爭。同性戀雖然逐漸明朗或抬頭，但是它是否有穩定社群或成爲文化？有待觀察，至少東亞地區臺、日、中、韓等，並沒有通過修法承認同性戀的婚姻！一生一世似乎也是所有戀愛中的情侶或結婚前的許諾，結果如何先不討論，但是像電影侏儸紀公園中的主角說：「我正在尋找下一位離婚的對象」，我想這絕非常態，也少有人可以接受如此這般的戀人，它當然不能成爲文化！

　　以下引用錢穆所述「文化三部曲」有層次性的，從物質文化到社會文化，進而宗教與藝術文化。以男女婚姻爲例，男女是第一階段，動物都有雌雄和交配的行爲，但是夫妻是第二階段，動物雖有所謂的終身伴侶（例如白天鵝），但是牠們有像人類的紛爭、繼承、守寡這種制度或現象嗎？同性戀者主張將民法的夫妻關係改爲配偶，合理、合適嗎？動物有配偶卻不是夫妻，有必要把常態穩定社群的文化修改嗎？或者只需尊重，在民法加上例外，如同性結婚（同居）幾年以上，可以有繼承權之類的法條，以保障其權益即可？法律也是文化，如果一旦修法，就是承認同性戀是文化，同性戀當然不只一個人，全球都有，它也存在歷史悠久，但是它是否穩定社群，有待檢驗！

　　第三階段的宗教藝術則非常人文，是動物所沒有的文化，宗教是文化當中很高層次的，它涉及生死等人生哲學的議題或者道德的議

題，例如基督教的十誡，佛教有戒殺生、戒色、貪戒⋯⋯。

藝術文化是另一種高層次的文化，除了有形的畫作、樂器以外，有時候是形而上的，例如繪畫強調意境而非畫技，詩詞的移情作用比對仗工整或平仄押韻重要多了！

二、文化資源

文化資源是什麼？就字面上來說，就是將文化加以利用，前述已說明文化，接下來看什麼是資源。以中文而言，資字從貝，代表財物或有價值的東西，英文Resource，Re是again，再次的字首，source是來源，意即我們的感官接收了各種訊息，通過價值系統再出來的東西。以眼睛而言，一個人或事物美不美，可以因時因地而不同，環肥燕瘦，不同朝代有不一樣的審美標準，所謂「情人眼裡出西施」，不說古代，今日的文明發達國家，歐美日臺都以瘦為美，但是大洋洲的東加王國就認為瘦子是窮困，胖才是美！

以聽覺而言，美麗的旋律聽來悅耳，雜亂的聲音則可能是噪音。在印度，他們認為聲音常常傳達的是高尚、是文教的，而視覺訊息有時候比較形而下或者色情、不雅的，所以樂師在印度的地位很高。

「文化」經過感官與價值判斷，形成了文化資源，最常見的是物質文化資源，食衣住行都有許多不勝枚舉的例子，例如各地的土產、名產和美食都是吸引人的文化資源，常常吸引觀光客青睞，也成就了觀光業和出版品，米其林指南就是箇中翹楚。衣服和飾品也是另一種吸引人的文化，許多國際組織會議會使用當地色彩濃厚的服飾作為開會的制服，例如亞太經合會和東南亞國協會議常常使用帶有南洋風的服飾作為開會的服裝。此外，地毯等織品也成為中東像伊朗、阿富汗最吸引人注意的伴手禮（souvenir）。建築物更是重要的文化遺產，聯合國科教文組織所列的世界文化遺產，多數的建築代表各時期的建築物、景觀或聚落，從西方的希臘、羅馬到中國的長城、孔廟，日本京

都的寺廟，不勝枚舉！

　　交通其實也是重要的文化資源，纜車、隧道、船都可能成為觀光客的首要參觀目標。有人說所謂觀光就是從居住地利用休閒時間，搭乘交通工具到觀光地的活動，可見交通在此扮演的角色有多重要，有些交通工具本身就吸引人，有些則消失或被復興，過去從巴黎到丹麥哥本哈根，最後一段到丹麥西蘭島會有一節車廂開上渡輪直到登陸後繼續行駛，甚為有趣，隨著橋梁建好，此景象不復可見！西伯利亞鐵道興建時，形成在貝加爾湖南側為山湖相鄰，冬日鋪鐵路於冰上，夏季改由船運火車，此種景觀在鐵路隧道修築完工後已成絕響。

　　雖然交通在觀光是如此重要，但是能列入世界文化遺產者都寥寥可數，目前被列入世界遺產的鐵路有奧地利薩瑪琳鐵路和印度大吉嶺鐵路兩條，畢竟世界遺產能幫助觀光發展卻不等於觀光，它所著重不一樣，一如國家公園和國家風景區所強調的管理目標不同，其所屬課室單位也有所差異！

　　最後有些文化資源是非物質的或無形的，聯合國正在陸續列出無形的遺產，宗教的活動、民俗祭典、音樂、文學等藝術活動都可以是世界遺產，媽祖繞境活動是兩岸首度攜手申請的世界非物質文化遺產，文學成為觀光景點的有日本熱海的金色夜叉。宗教與教堂寺廟原本就是很重要的文化遺產，以教堂為世界遺產者，基督教有聖彼得大教堂，回教有麥加，佛教有藍比尼，本書最後非物質文化也有單元介紹世界上的宗教文化。文學或思想家的家鄉也常常是觀光重鎮，例如莎士比亞故居，安徒生的家鄉丹麥歐登斯（Odence），德國特利爾（Trier）除了是羅馬以外，全羅馬帝國第二大城，它也是近現代著名的思想家馬克斯（Karl Max）的故鄉，因此擁有眾多的文化資產。

　　從以上的論述而言，文化資源雖不等同於文化觀光資源，卻也非常近似，「文化資源」與「文化觀光」有非常密切的關係，以下先以文化遺產、文化資產、文化資源、文化觀光、文化景觀、文化產業

等名詞做一番辨識，最後再以德國法蘭克福學派與英國文化研究做比較。

　　文化遺產，又稱為文化襲產，聯合國教科文組織所訂的世界遺產（world heritage）即是這一類型。不論是遺產或襲產，所強調的是時間，承襲自祖先，所以太年輕的（10年不到）不可能列入，目前超過500年的很多，最新的可能有近100年，例如德國包浩斯。

　　文化資產，資所指是有價值的，產通常是一種產業，所以其特色是營業的，文化觀光產業所經營的產業通常是屬於文化資產。

　　文化資源，本章開宗明義已定義，文化資源是通過感官，再由價值體系判斷所形成。

　　文化觀光很明顯是一種觀光活動，它不同於自然景觀的欣賞，例如地形、地質和冰雪、動植物……。文化觀光是以歷史的、建築、聚落、藝術的、民俗、文物為目標的觀光活動即是文化觀光，臺灣的文化資產保護法受到聯合國影響，將自然地景列入文化資產的範圍，實在非常不恰當。觀光客大部分在於自然景觀欣賞，文化觀光雖然重要，卻還不至於包含一切。食物許多是取材於自然，飲食文化觀光是文化觀光的一種，也沒有疑問，但是因此而論飲食中的魚或者蔬菜（植物）是文化而非自然，已經有點偏離。將未經人為雕塑的地形（野柳女王頭）列為文化景觀是不合理的。

　　文化景觀指的常常是一種人為活動留下的景觀，例如建築群或產業關聯。糖的文化景觀除了糖廠以外，最好能將其所延伸的運輸交通（五分車鐵軌）和蔗田一併保留。礦業聚落景觀包括礦場、礦場推車和洗煤場所……，保存難度比單一建築更難，因為需要保留更大的土地面積。古戰場、地震遺址，這都是文化景觀。

　　文化產業或文創產業和前述的文化資產非常像，前者就是百分之百的產業，目前文建會所列藝文表演、廣告、設計、品牌、出版業……等，都是文化產業。這些文化產業和我們討論的文化觀光或文

化資源不一樣，可能更像文化商品。以下再以德國法蘭克福學派與英國文化研究做比較：

三、德國法蘭克福學派

在討論法蘭克福學派之前，先說明大眾文化與民俗文化。前者又稱為流行文化，流行存在的時間相對的短，但空間傳播快且廣，例如速食文化的麥當勞，上個世紀初不曾出現，卻已經成為全球城市的共同地標。某種流行服飾像迷你裙、巫婆鞋，曾經快速流傳各地，但一如曇花一現，不久以後就無影無蹤。而民俗文化（folk）剛好相反，本國本地區的一種建築，一種信仰可能流傳幾百代，隔一座山，隔一條河就完全不一樣，中歐斯洛伐克翻越塔特拉（Tatra）山到波蘭，語文地標馬上不一樣，房屋的屋頂更斜更陡，不會因為時代科技的變動有所轉變！

法蘭克福學派所處理的正是大眾文化，它由阿多諾（Ardono Theodor W1903-1969）改為文化產業。有關大眾文化或文化產業，法蘭克福對文化批判有兩個基本假設，一是大眾文化作為資本主義社會的文化商品，是一體化、平面化，沒有任何美學價值，甚至是體現統治者之意識形態。二是人民接受文化商品是完全被動，沒有創造性可言。阿多諾對文化產業的批判完全是負面的，卻也不是沒有道理，觀察民國40-60年的臺灣，威權統治下，臺灣文化是被打壓的，臺語是不為統治者或教育單位所容許，那時候只要有一點不為當局接受的藝術或歌曲，就很可能被禁，全國充斥著所謂淨化歌曲或劉家昌作詞作曲的〈梅花〉、〈中華民國頌〉、〈藍天白雲〉等標準的一言堂，一元文化！

但是到了李登輝、陳水扁執政呢？吹起了臺風，三太子、紫竹寺接受大量文建會補助，許多外省藝人逃竄至大陸發展，檳榔西施、藍白拖、夾腳拖充斥在夜市乃至於百貨公司，國人並沒有從威權時代完

全走出來，除了沒有禁播、禁唱以外，坊間的流行文化依舊帶著幾分對政治心儀的色彩。誠如列寧所言：「群眾只是一種資源，而非他的個體一人。」流行文化果真像阿多諾所批判，毫無價值，只有被動沒有創造力？

四、英國伯明罕學派

1964年，英國伯明罕大學英語系教授霍加爾（Richard Hoggart）提出，1968年由霍爾（Stuare Hall）接任文化研究中心所長。他們認為大眾文化是人民大眾主動產生而非文化工業所生產。文化工業所做的是提供劇目，受支配者從中創造自己的文化，這才是大眾文化的核心。重點在於關注人民在什麼情況下使用文化資源，而非一味地把資源貧乏視為人民創造力的貧乏！

我想兩造都有他們的立論依據，都能言之成理，在威權統治下，大眾所能獲取的資源受限，創造空間有限，不能太多元的發展，只是暗地裡照樣有人會去關懷，會去綿延他們的文化傳統與藝術。誰說日據時期的臺語歌比今日的臺語流行歌不如？白色恐怖時期的黃俊雄布袋戲創意會輸給今日明華園歌仔戲？如果要說兩者差異，今日明華園服裝道具豪華程度，經費預算遠高於當年布袋戲，但是黃俊雄史豔文的角色創意已具有《紅樓夢》人物水準，又豈是明華園所能望其項背。

換言之，在自由體制下的今日臺灣，已經沒有言論思想的箝制，但是執政者偏向本土，外省族群被迫出走，所謂的文化資源，政府所提供的僅限本土的，發展出來的文藝、發明乃至於生活創造，也就局限在本土，臺灣要有另一波牛肉麵的文化革命，幾乎已成為不可能的任務？

第二節　文化圈的介紹

　　一般學者對於文化圈的劃分主要分成東方與西方，又舊大陸（歐亞非）是占人類歷史絕大部分（八成以上），所以文化發展在東方可以再細分為東亞、印度、伊斯蘭以及跨越東西方的東正教文化四種。

一、東亞文化圈

　　包括中國、蒙古、日、韓、臺港以及越南，主要的文化動力為中國，因此儒家思想影響了中、台、越、蒙，佛教信仰在這裡都扮演最重要的角色。除此之外，當然各地又有差異性，宗教方面，中國、臺港另有道教信仰，日本有神道教。飲食方面，近年雖然西方和異國的飲食充斥在都會區，但是大體上東亞是稻米文化，餐具主要是筷子。音樂方面，中國所有的國樂器在臺灣也都有國樂社團，日韓古琴與三國孔明所操作的琴大同小異！

二、印度文化圈

　　雖然印度是佛教的起源地，但是佛教五戒中的色戒，顯然是衝著印度半島的居民而來，次大陸至今人口依舊眾多，本世紀有機會再度超過中國的人口數。又印度教的創造神是鼓勵作愛的，祂認為這是人類體會創造之美的唯一或最佳管道，因此，在今日不論卡久拉霍或任何印度教的神廟區，有機會見到性愛雕刻，尊尊露骨，件件限制級，教人看了臉紅心跳！印度半島除了孟加拉和巴基斯坦信奉伊斯蘭教為主，其餘多數是印度教的信徒。佛教受不了印度教之淫蕩或得不到印度人青睞，因此遠走中土，至於回教則經常與印度教有正面衝突！

　　除了宗教的不同，印度北方包括巴基斯坦麵食（烤饢）是重要糧食，南方包括孟加拉與斯里蘭卡則稻米較多（一如中國的華北、華南，大都會除外）所不同者，他們的餐具就是手，右手，不論主食或

配菜，一律用右手，左手是汙穢的。

三、伊斯蘭文化圈

簡單地說，包括北非、西亞、中亞、中國新疆、部分蘭州和寧夏、阿富汗、巴基斯坦、孟加拉到馬來西亞、菲律賓民答那峨島，印尼等皆爲回教文化圈，信奉回教，可蘭經以阿拉伯文撰寫，清眞寺除了傳教，也是初等教育所在。又可分爲基本教義或什葉（以穆罕默德及女婿阿里後嗣的領導，拒絕承認其他哈里發的合法地位），和遜尼派，遜尼的意思是原則，以穆罕默德的生活例證及聖訓爲核心，他們認爲首四任哈里發都是穆罕默德的繼承人。除了伊拉克、伊朗和阿富汗信奉什葉派，其餘多數回教徒是相信遜尼的。除了宗教的信仰，許多生活也和宗教有關，回教地區不時興音樂，如果有，歌唱也都和宗教稱頌眞主阿拉有關，最常使用的樂器——笛也因爲有靈魂出竅與神同在之效果。烤饢是本區最重要的主食，因爲不吃豬肉，牛羊雞成爲主要的肉食來源，有一種食物可巴（Kebak）在本區和歐洲容易吃到，有點像夜市的沙威瑪。

四、東正教文化圈

這是在東歐、巴爾幹到烏克蘭、俄羅斯爲主要範圍，當西羅馬帝國滅亡時，拜占庭保有基督教正統，又以希臘語爲主要的傳播文字，因此稱爲希臘正教。公元1380年，佛拉迪米爾（Vladimir）建立莫斯科公國，選擇了希臘正教作爲立國宗教，文字也多半揉合自希臘的字母，因此這個世界上面積最大的國家俄羅斯也是東正教的大本營，以斯拉夫民族，用斯拉夫文（90%的字母與希臘文相似）、信奉希臘正教，教堂多爲拜占庭式，圓穹頂或洋蔥頭，紅場的聖瓦舍爾（St. Basil）是最著名之地標。

五、西方文化圈

　　西方文化圈基本上等同於基督教文化圈，包括歐洲、南北美洲，雖然還可以分爲天主教和新教，不過他們的《聖經》大同小異，信奉耶和華、及耶穌三位一體也一樣。天主教主要是分布在南歐的義大利、西班牙和葡萄牙、法國、東歐波蘭等，以及中南美洲，以拉丁語爲主要語文；基督教（新教）則是在北歐、德國、荷蘭、英國、美加和紐澳，以日耳曼語爲主。基督教文化圈也是近代西方文明的發祥地，自理性主義與工業革命以降，他們在科學與科技一直引領著世界，摩天大樓與汽車改變了聚落（都市）景觀，電腦與手機改變人際溝通交流與行爲，弔詭的是基督教世界進入理性時代，他們開始懷疑「上帝」——他們所信仰的核心，雖然美國依舊是以信基督立國，可是越來越多歐美的都市居民，假日選擇到郊外休閒而非教堂禮拜安息。尼采「上帝之死」是最早挑戰上帝的哲學思想，近年則有複製人和同性戀結婚，不斷地在「人類自己扮演上帝」之路邁進，相對於東方人對於環境或神的態度所主張的「天人合一」而言，不禁懷疑西方基督教文明在擺脫基督教文明之後，還可以掌控世界多少年？

第二章

歐洲飲食文化

飲食文化是物質文化中非常重要的一環，它涉及了地理環境、食材來源與種類，如何取得、如何儲存、如何烹調、如何食用和誰來食用等。以如何取得為例，有捕魚、撈魚、釣魚、石滬以至於養殖等；以如何儲存而言，就有醃製、鹽漬、泡菜以至於冷藏……；以誰來食用而言則有高階貴族食用、女人魚、老人魚等不同方法與制度。

所謂的食如其表（you are what you eat），長期茹素者比起一般的雜食者或肉食者，顯得更加地慈眉善目！而印度人因為長期食用咖哩和香料，身上的體味就比其他民族更為濃郁！一般食物選用也有其刻板印象，例如牛排是男性的食物，沙拉則是屬於女性。

其實文化一部分來自遺傳，更多的則是後天學習而來，一般認為美味的食物，在多數地區國家的人民均會認同，但是少數地區的特殊口味則是後天學習，習慣使然。例如東南亞地區吃蜘蛛、昆蟲，愛斯基摩人吃蛆、吃海豹油加漿果，國人吃臭豆腐或者墨西哥人吃辣，這種當地人認為是美味，外國人則避之唯恐不及！

有些食物文化會造成誤解，例如第二次世界大戰之後，美國馬歇爾計畫支援許多低度開發的國家，像非洲國家或者臺灣，除了麵粉，為了補充營養，還有奶粉。只是這些地區的居民沒有飲用乳品的習慣，或者體質上有乳糖耐受不良，常常引發腸胃的不適，就誤會美國人心懷不軌！在臺灣，國民政府為改善原住民生活，幫助他們蓋鋼筋水泥的國宅，輔導達悟族人種植水稻，只是國宅冬冷夏熱，不如傳統三家屋舒適，而水稻需要太多人工，也不符合其生活與文化，他們甚至提出疑問，我們種的芋頭這麼大都難免饑荒，你要求種比芋頭小數千倍的大米是否要我們的族群絕滅呢？！

飲食文化的介紹由歐洲開始敘述，下二章則分別介紹亞洲和美洲。

第一節　英國與法國

　　歐洲的飲食文化先由大不列顛開始介紹，一般人的刻板印象對英國沒啥美食，最有名的英國食物是炸魚薯條（fish & chips），所以在挪威的卑爾根（Bergen）有標榜正宗來自英國的炸魚薯條，在澳洲，甚至柬埔寨吳哥窟的西餐廳都可以吃到這一道菜，如果說這是英國美食，我們又怎能期待英國會有其他的美食呢？上述的描寫肯定會遭到英國的嚴重抗議，他們也正努力要改變世人對英國食物的看法，只是冰凍三尺，非一日之寒，改變刻板印象自然也不能立竿見影！除了炸魚薯條，還有蘇格蘭的奶油酥餅（Scottish shortbread）和燕麥粥、馬鈴薯泥和香腸（bangers and mash），還有一種由馬鈴薯做的煎餅稱爲Boxty。想一想，難怪炸魚薯條會成爲美食！大家也許不會記得，連現代英國人也不清楚，他們會吃內臟、肚包羊雜。

圖2.1　炸魚薯條

法國料理作爲世界三大美食，理應不會有太多爭議，而米其林指南也是世上美食指南的範本。但是在16世紀以前，大約是路易十四的年代，法國仍是原始野蠻，沒有餐具，用手抓食的年代，四百年的法國發展成現今的飲食文化，進步之快也令人敬佩！

　　文藝復興的發祥地佛羅倫斯，1553年有公主卡多莉遠嫁法國，她的嫁妝有大廚師、義大利料理作法和餐具文化，難怪義大利要爭世界美食之歐洲代表，因爲法國是向他學的！這種文化傳播的方式讓人想起唐朝文成公主下嫁西藏吐蕃。

　　18世紀時，鵝肝醬和美乃滋已經問世，這些代表法國美食或廣爲流傳在全球各地的美食發明和流傳超過兩百年。另外隨著法國革命，許多宮廷料理也轉至民間，這又使人聯想辛亥革命後，清宮廷料理流傳北京街頭，例如今日大家熟悉的北平烤鴨……。

　　法國史特拉斯堡位於歷史上的德國占領區，除了建築物很有德國景觀的木格子之外，食物有香腸和酸泡菜等，也是德味十足！

　　而法國和瑞士邊境的三個省區（Ain、Coire和Jura）以布雷斯雞聞名，這種雞在全法國每年飼養的六億隻雞中，只有140萬成爲布雷斯雞，牠被規範爲每隻雞至少需要10平方公尺（三坪大）的空間，前九週在開放空間奔走，後兩週增肥，有人譬喻前半段爲自行車環法賽，後段好像在法國地中海的蔚藍海岸渡假！

　　法國依地方料理可分爲四大菜系，A la Provencal是普羅旺斯菜，也就是南法地中海區，以彩椒、番茄和橄欖油爲原料。A la Normande是白酒料理。A la Bourgogne則是以盛產葡萄的紅酒料理聞名，至於A la Lyonnaise 被稱爲世界美食之都（capital of the world）則是最好吃的法國料理，遠勝巴黎。

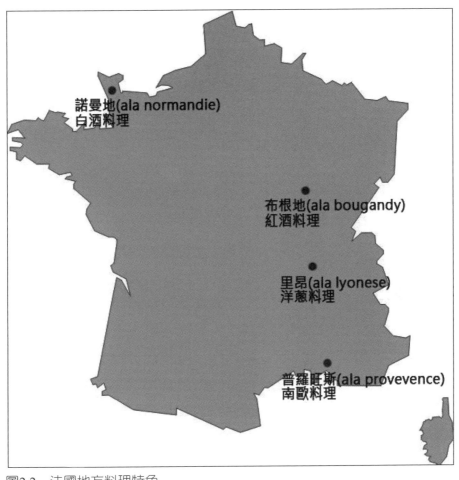

圖2.2　法國地方料理特色

第二節　南　歐

　　南歐地區主要介紹西班牙、義大利和希臘，西班牙菜絕不等於墨西哥菜，雖然在美國南部，這兩種有時混為一談，都講西班牙語，只是墨西哥菜以辣著稱，西班牙則香。雖然西班牙殖民菲律賓300年之久，但是與同屬伊比利半島的葡萄牙相較，後者對亞洲之影響更大，例如地中海咖哩蟹、日本甜不辣和葡式蛋塔。

西班牙人喜歡將肉類、海鮮和蔬菜一起煮，稱為燉肉飯（pael-la），這是源自於東南方瓦倫西亞（Valencia）的料理，目前許多西餐廳有機會吃到。

西班牙人似乎隨時隨地都在吃，早上八點吃清淡的咖啡配麵包，十一點吃香腸墨魚或歐姆蛋，下午一點吃Tapas，兩點午餐，五點吃茶飲配蛋糕，八點吃小點心，晚上十點吃晚餐，通常與朋友共享雪莉酒，這是西班牙的國酒，用葡萄釀製，但是比法國葡萄還要甜美，味道有一點像加拿大的冰酒！一整天都在吃的西班牙人，中午十二點有時是休息時刻，說不定餐廳還會關門，大都市或觀光區還好，鄉下地方中午真的會拉下鐵門！Tapas也是值得推薦的，一小盤一小盤各式料理、肉類、蔬菜和點心都擺在玻璃櫃中，對外國人來說，省下讀菜單的麻煩，重點是每一道菜標價於前，從1-2歐元至5歐元不等，你很容易控制預算的，而味道和料理手法看起來似乎也接近東方（嘗起來不可知？）。

義大利是文藝復興的發源地，因此飲食文化非常成熟，常與法國爭誰才是歐洲第一的美食國。他是歐洲國家當中使用蒜頭最多的一個國家，他的麵食（pasta）最為聞名，不同地區的代表麵食有所差異，以拿坡里為首的坎帕尼亞省是以紅醬義大利麵著名，青醬和墨魚麵則是在熱那亞灣的盧古利亞省起源，至於文藝復興的佛羅倫斯一向以小牛排最為人津津樂道（土斯坎尼省），千層麵則是義大利半島靴子頭的卡拉布里亞（Calabria）。除了麵食之外，大家想到義大利最具代表的麵食是披薩（pizza），有人說這是馬可波羅帶回歐洲的中國食物餡餅，因為不會包餡，只得外露，名稱也倒裝成餅餡（pizza），只是這種說法被文化傳播的學者推翻，因為在馬可波羅之前，義大利人就已經有麵食的存在！除了最有名的麵食以外，義大利的燉飯（risotto）也很有代表性，在臺灣的義大利餐廳應該不難吃到這一道。

圖2.3　海鮮披薩

　　西班牙和義大利之外，南歐第三個半島國——希臘，其飲食與土耳其文化交流，更接近東方。中東很容易吃到的可巴（Shih-kebak）是希臘常有的主食，鮪魚、羊排也是常見的主菜。此外有用番茄釀肉或以葡萄葉捲肉餡，樣子很像關東煮中的高麗菜捲，只是將高麗菜換成葡萄葉。

第三節　中　歐

　　來到中歐，我們要介紹的國家有瑞士、德國、奧地利。瑞、德、奧雖為日耳曼文化，飲食上卻各具特色，當然他們的共通點是香腸，香腸餐在這三個國家都很容易吃到。瑞士酪農業發達，因此最有名的是起司鍋（Fondue），一個小鍋放滿起司，再串以麵包、香腸等沾起司吃，也有巧克力鍋，通常佐以麵包和水果，在瑞士幾乎是公定價，25SF約臺幣800元！德國最有名的是豬腳和香腸，佐以酸菜食用，因為屠夫需要考照，幾乎一定要懂得處理豬腳和香腸，所以他在德國也算

是收入不差的職業。香腸至少分爲燒烤香腸和白香腸，白香腸適合水煮或蒸熟食用，兩種香腸各具風味與特色。維也納的香腸與德國的味道相似，只是大小不同，通常是比德國的短小，但又比一般的小香腸略大。除了香腸之外，炸牛排在奧地利也是名菜，一份道地炸牛排厚實而大（像臉一般），價位約15歐元，如果不是這種價位，可能像臺灣某炸豬排，被打得薄薄沾粉炸，或者材料不佳、部位不同或新鮮度不夠，一分錢一分貨，這個原則放諸四海皆準。

圖2.4　瑞士香腸餐

圖2.5　德國豬腳

　　奧地利最有名的甜點就是沙河蛋糕，這是梅特涅宰相府的小廚師（當年才16歲）所發明，只是他的老闆（大廚）欲奪其名，200年後，兩家爲了爭奪商標權告上法院，最後法院裁決兩者都有合法的商標權。沙河蛋糕就是巧克力蛋糕，在綿密的蛋糕外塗上厚厚的巧克力醬，不似黑森林蛋糕有灑巧克力粒，或其他巧克力蛋糕上面還有草莓……，它就只有巧克力醬，至於細節就屬商業機密，不在本書討論的範圍。在維也納有兩家，薩爾斯堡也有一分店，沙河的（Saher）比另一家略貴0.2歐元，價格在3.5-3.8歐元一小塊（扇形）。

　　中東歐的捷克，過去屬於鐵幕的華沙公約國家，因此被劃歸於東歐，只是他的位置其實和德國、奧地利的經度相同，他們也比較希望屬於西歐或至少中歐國家之一。比較有名的是烤鴨，他的烤鴨味道不同於北京烤鴨，也不似我們的煙燻烤鴨，有其獨特風味，價位半隻180

捷克幣（C.K.），約臺幣270元，在歐洲算是很經濟實惠，這不是起始價，而是風景區的餐廳使用。一盤陽春義大利麵在西歐常常是7歐元一小盤，吃不到什麼半隻烤鴨加上麵包，而這一份烤鴨足夠兩人食用！甜點方面，在捷克常常將水果加入麵包烤，有李子、桃子等核果粒，有一種特殊的香氣！

第四節　東歐和北歐

東歐的匈牙利最有名的是燉牛肉湯（Goulash），通常是牛腩佐匈牙利辣椒、番茄，有時加入小顆粒的麵疙瘩。辣椒的辣度按1-10，韓國辣椒辣度為3，匈牙利辣椒辣度只有1，顏色雖紅卻不至於很辣。這道Goulash除了匈牙利，幾乎在中東歐、捷克、奧地利和斯洛伐克都吃得到，奧匈帝國將飲食文化推廣傳播可見一斑，幾乎是普及度最高的一道料理，價位在（700-800匈牙利弗林），合臺幣100-120上下，輔以麵包即可飽餐一頓！Goulash多半是湯狀，但有時候也有燴飯式，就有一點像我們的牛腩飯。

東歐除了捷克、匈牙利，以下還要介紹波蘭、烏克蘭和俄羅斯。

波蘭的甜菜生產豐盛，所以甜菜湯（bor szcz）是很普遍的一道湯，甚至已經作成調理包在超市販賣，可見它已經深入波蘭的家庭。餃子（pierogi）也是重要的主食，除了我們熟悉的肉餡，它還有蕈菇和甜菜的餡料。波蘭的觀光地區餐廳自然也有大家熟悉的西餐——馬鈴薯、各式排餐、牛排、羊排、鱒魚等，菜單除了本國語文之外，還提供英文和德文，英文是國際語文，許多給外國人看的菜單都會標示英文，德國人則是歐洲國際觀光客最多的來源國。波蘭位於德國東鄰，因此使用德文的觀光客也不在少數。

圖2.6　匈牙利牛肉湯

圖2.7　燴飯式Goulash

　　烏克蘭和俄羅斯、波蘭有密切關係，歷史上時而屬波，時而屬俄，二戰後才決定成為統一的國家，但如今東烏克蘭（親俄）依然為了加入歐盟與否，和西烏克蘭（歷史上曾隸屬波蘭）發生內戰。飲食文化方面，烏克蘭也是介於波蘭和俄羅斯之間，紅菜湯（類似波蘭的甜菜湯）是烏克蘭最典型的湯品。此外，餃子也是常用的主食，而基輔雞更是以烏克蘭的首都命名，最具代表性的料理，將雞肉包裹香草奶油，再以蛋汁和麵粉去煎炸，是相當受歡迎的一道美食，目前也有類似的料理，中間改以起司片，也非常可口！

　　最後是俄羅斯，介紹波蘭和烏克蘭之後，俄國也有類似的飲食，羅宋湯（Russian soup）是俄國最具代表性的湯品，有點像烏克蘭紅菜湯，但它是以番茄為湯底的濃湯。俄國普遍可以吃到各式餃子，伏特加是俄羅斯的國飲，其酒精濃度高達40%，價格也不貴，在俄國歡樂宴會少不了它，痛苦鬱悶更離不開它，因此造成嚴重的酗酒問題，也讓俄國人平均壽命減到60歲以下！今日西餐廳選菜順序先湯、沙拉、主菜、甜點、飲料，這種一道一道上菜的服務方式，則是俄羅斯對全球飲食文化最大的貢獻。

　　北歐國家丹麥、挪威、冰島和瑞典基本上都靠海，水產魚類是重要的食材，他們會生吃或者煙燻、乾燻和醃漬。煙燻鮭魚是本區很普遍的菜餚，三餐都看的到吃的到，在全球西餐廳buffet也都吃的到這一

道不錯的美食！畜牧也供應肉品和乳酪業材料，冰島的優格skyr是廣受歡迎，而丹麥的烘焙麵包也發達，丹麥三明治（smorrebrod）是麵包夾燻鮭魚、水煮馬鈴薯和番茄片，而丹麥麵包也是常見的西點。比較特別的是冰島有臭食物（Hå´karl），是將鯊魚肉埋在沙中3-6個月使之完全腐敗，這種臭鯊魚肉一般外國人接受度低，但是一旦喜歡就愛不釋手！

第三章
亞洲飲食文化

亞洲飲食文化的範圍很廣，包括中國、日、韓、東南亞各國、南亞印度、尼泊爾，乃至於中東的阿拉伯和土耳其，非常多元。亞洲是文明起源之地，舉凡中國、日本，韓國、南洋乃至於印度、中東都有豐富的飲食文化，以下先從中國談起。

第一節　中　國

中國被稱為世界三大飲食，應該不會有太大的疑問。中國人獨特的飲食文化，例如筷子，影響所及包括周圍的韓國、日本和東南亞國家。而筷子說它是最優越的餐具，應該大家都會同意，首先它材料取得容易，費用低廉，經濟效益絕非刀叉所能相比，又使用時的優越性無人能敵，不論是夾豆子（花生）、豆腐，乃至於魚肉、魚刺，除了筷子，再也找不到其他餐具足以替代。

一、中國

中國的飲食文化歷史悠久，烹調的方法可能是全世界最多樣的，煎炒炸煮、煨燉蒸煲、燻燒烤悶爆、川燙、涮……不一而足。每一種方法都有其特性和功能，例如煎和炒，我們都清清楚楚，但是英文用到油的一律稱為fried，最多只能加深，以deep fried來區分炸和煎，什麼是炒，應該找不到相對應的英文字。蓋上鍋蓋子就不能翻炒，這我們都懂，對於西方人則需要好好學習才能弄清楚，文字代表文化的複雜度，烹調的火候更非是三言兩語可以說清楚！

做菜講究刀功，豆腐可以切得像頭髮般的細，切菜，特別是根莖類，一定要切得大小均勻，才能讓菜均等地受熱，所謂的火候，過熟和不熟一樣是不及格的。中國人做菜也比較環保節能的，菜和肉切丁、切薄，煮起來比較節省能源瓦斯，吃起來大小正好入口，不需要再在餐桌上動刀。

廣東菜算是外國人最早熟悉的中國菜，所謂點心指的是一口可以吃完的分量，或者至少不是填飽肚子用的食物，例如一個蒸餃或一籠燒賣。中國人習慣一天吃三餐，北方人早餐吃燒餅、包子和饅頭配豆漿，南方人則吃稀飯或鹹粥。中國人什麼都吃，天上飛、地上爬……但也不是全然沒準則，除了陰陽調和之外，飯菜比例適當，除了喜宴，一般而言，每一餐都要有飯，所謂的飯，不一定都是大米，燒餅，麵條、水餃，小米……都可以叫作飯。

圖3.1　港式飲茶

說到中國料理，不能不提及「滿漢全席」，四到奉、四熱葷、四冷葷、四雙拼、四大碗、四中碗、四小碗、四燒烤、四冷素、四跟湯、四跟麵製品、一百子桃包；二分手、四京果、四糖果、四蜜果、四酸果、四生果、四水果、四看果，一共196品，點心茶食124品，計肴饌320品佳肴，分3天吃完。

滿漢全席不外山珍海味，山珍又分山八珍、海八珍、禽八珍和草八珍。

山八珍有猴腦、熊掌、象拔（鼻）、豹胎、駝峰、鹿筋、猩唇、犀尾。

海八珍則由鯊魚翅、海刺參、敏魚肚、紫鮑魚、鮮元貝、魚唇、海豹、狗魚組成。

禽八珍包含紅燕、白鶴、鵪鶉、天鵝、鷓鴣、彩雀、斑鳩、紅頭鷹。

草八珍則概括雲香信、驢窩菌、羊肚菌、黃花菜、猴頭菇、銀耳、竹蓀、花菇。

第二節　東北亞

二、日本

傳統日本食材有白蘿蔔、沙丁魚乾、海藻海帶、米、醬油和拉麵。拉麵種類很多，比較有名的北海道味噌拉麵、九州豚骨拉麵，其他的喜多方……。壽司當然是日本最具代表性的美食，現在有握壽司上放各式生魚片，包海苔、包豆皮……還有壽司專賣店、迴轉壽司等。除了大量食用各種魚和海鮮作為生魚片，日本人也冒險吃河豚，因為有劇毒，處理河豚都需要領有執照。日本也吃火鍋蕎麥麵和醃漬物。

日本還有所謂「關東蕎麥麵文化，關西烏龍麵文化」，可見這兩種麵食在日本的重要性。烏龍麵又有各家的製作，丸龜、讚岐等，對臺灣也有相當的影響力。早年（二戰結束時）臺灣人就有食用烏龍麵的習慣，到最近標榜是日本製作或日本師傅的原裝進口來台的麵食，價位在臺灣是高尚的（一般麵價兩倍）直追日本售價，甚至高於日本的價格，照樣高朋滿座，排隊吃麵，吸引許多老饕和哈日族群！

三、韓國

韓國人吃飯講究顏色搭配，白紅黑綠黃代表五行或不同的營養。

他們幾乎餐餐吃泡菜，人蔘是韓國特產，因此有人蔘雞這一道料理和人蔘茶。韓國人特別愛吃牛肉，石鍋拌飯是常見的料理，除了在石鍋裡擺放常見的蔬菜，波菜、紅蘿蔔，黑木耳等，主菜則有牛肉、豬肉或海鮮。另外煎餅也是代表性料理，口味也有牛肉、豬肉和海鮮。

第三節　東南亞

東南亞位於中國和印度之間，歷史上受到兩國的影響很深，飲食文化也不例外。16世紀後，又有來自西方的影響，使得本區充滿異國文化以及多樣性。

所謂娘惹文化是指鄭和下西洋時，華僑與當地馬來人通婚，兩性共治的飲食文化。以下再從泰國、菲律賓、印尼等國家談起。

四、泰國

泰國南北不同，除了食材，飲食習慣也不一樣，在泰北，人們將所吃的菜都用小碗盛好，這種情形和緬甸相似，然後再圍坐在圓形茶几。泰式料理大量使用辣椒，號稱世上最辣的料理之一，蒜、檸檬葉、薑黃等是重要香料。泰式咖哩有三種，黃咖哩、紅咖哩和綠咖哩其中綠咖哩最辣！泰國料理也經常使用椰漿，特別是用來調理咖哩的醬汁，此外，蝦醬和魚露也是非常泰式的香料，例如空心菜和高麗菜只要加上魚露、蝦醬，拌炒辣椒，其餘部分和中式炒法沒有兩樣，只因為醬料，就會變成非常泰式。泰國當然吃米，他也是全球的產米中心，除了自給，還能外銷。泰國米和臺灣的蓬萊米不同，比較不黏，也不似「在來米」，它的形狀更長，滿適合用來炒飯。

五、菲律賓

東南亞大概只有泰國沒有被殖民，相對地比較少西方的因素混在飲食當中，像菲律賓就曾經被西班牙殖民長達300年，後來又被美國殖民，因此西方的影響深刻！以上菜的方式就分為西班牙式（一道一道上）和菲律賓式（一次上足），菲律賓有一道名菜烤乳豬，菲律賓人將食物分為冷性和熱性兩種，但究竟是西班牙人從墨西哥帶來的？或者早就受華人影響，有待進一步研究。孕婦避免吃深色食物，這倒是和我們沒有兩樣，還有在馬尼拉街頭會有類似我們的麵攤，賣著乾麵或陽春湯麵，他們叫作Mami，小心別叫成媽咪，比較像「肉麵」用臺語來唸。

六、印尼

印尼菜偏辣是眾所皆知，但因為國土廣闊，民族多樣，不同島嶼口味也有所不同，例如蘇門答臘會以濃濃的椰汁加上豐富的辣味，並以牛肉為主菜。西爪哇以酸辣聞名，愛吃生菜加上蝦仁、辣醬；中爪哇喜歡香甜的辣味；東爪哇則習慣以蝦醬佐餐。北蘇拉維西則以海鮮魚類燴飯著稱。

七、越南

這是繼泰國菜全球開設之後，另一種快速風行全球的東南亞料理。Phở，就是河粉，是越南最為普遍的食物，一般分成牛肉、雞肉和海鮮口味。蝦醬、魚露也是越南料理的常用配料，因為受法國殖民超過半世紀，這裡也經常有食用類似法國長棍麵包的越南麵包，長度只有法國麵包的一半不到，裡頭夾肉、生菜甚至是鵝肝醬。當然他也和法國人一樣喝咖啡，越南的環境適合種咖啡，目前已成為全球三大咖啡產地之一。

越南近現代受法國影響，但歷史上被中國統治的時間最長，米食文化。河粉則類似粄條，只是乾燥後以利儲存。越南也吃春捲，所不同的是我們的春捲皮現做，是軟的，他們的春捲皮是乾的，食用時用水沾軟！

<h1 style="text-align:center">第四節　印度與中東</h1>

八、印度

　　印度教和佛教都有不殺生的戒律，因此印度的素食人口眾多，尤其印度西北地區素食人口高達2/3，沿海地區則少，素食人口只占6%。

　　孟買鴨是令印度人自豪的一種名菜，實則非鴨，是一種曬乾的魚。Samosas是一種三角形餃子油炸的點心，連遠在緬甸的市場都可以買到，可見它的普及程度。印度人幾乎也不曾為飢餓所苦，因為大部分的印度人時常處於禁食狀態。

　　北方印度麵食較多，例如印度烤餅和饢；南方印度則多米食，喀拉拉省有蒸煮的米食，例如普度（Puttu）是一種由米粉作成圓筒形的米食和阿胖（Appam）如下圖。

圖3.2　印度南方喀拉拉省傳統米食Appan阿胖

圖3.3　在印度用餐，哪怕是稱為中國餐廳的地方吃起來仍然很印度味！請
　　　　注意右下角的醃菜盡量避免食用，以免腸胃發炎。

九、尼泊爾

　　典型的尼泊爾料理也就是家常菜，有點像我們的自助餐，也是有
飯有菜，只是裡面有更多的醬菜。素菜很多，葷的肉最多一道，也有
一些類似豆腐乳的拌醬，和醬菜一樣，味道特殊，都是發酵過的，對
國人而言，恐怕不容易喜歡或根本難以下嚥！

圖3.4　尼泊爾家常菜

十、中東

　　土耳其料理因爲歷史悠久，常常也和義大利爭奪世界三大料理國！

　　葡萄葉捲，除了土耳其之外，也算希臘的代表料理，可見兩國文化的融合程度。土耳其的湯品常常是扁豆湯或鷹嘴豆湯，喝茶也是日常生活的一部分，他們常喝蘋果茶。至於甜點，好吃是好吃，就是太甜，簡直是甜死人不償命！這一道酥皮絲（Kataifi）就是代表甜點，其實他是希臘的甜點。

第四章
美洲飲食文化

美洲新大陸在1492年，哥倫布發現登陸以前，便有馬雅、印加……文化或者有維京人更早之前已經有登陸之說，他一直是遠離人類文明歷史，也遠離文明舞台（東半球）或者舊大陸。然而這500餘年的時間，他卻主宰了近代人類的政治舞台，兩次世界大戰的贏家都是美國，二戰之後的世界更是由美國主宰，許多人還把美國生活——住洋房、開房車、吃牛排等當作人生的標竿。雖然我們也在檢討，在《聖經》和教會面前宣誓就職的美國總統，早已遠離《聖經》的道路和精神，美國主宰世界的日子正在遠揚，只是美洲食物的影響是不容小覷的！

500年前，東方人不知道什麼是辣椒，而如今韓國人、四川人吃辣似乎是理所當然，甚至被認為就是他們的傳統飲食文化，但是李白佳過四川，他肯定不吃辣，孔明博學多聞，他在蜀中、在荊州也沒聽過辣椒是啥玩意兒。現在辣椒來到亞洲，特別在東亞、中國、韓國、東南亞和印度（次大陸），早已是日常生活飲食之不可或缺，或許被視為飲食文化的代表，原產地美洲的辣椒，不只在中美洲，而是在東亞發光發熱，連靠近喜馬拉雅山的尼泊爾都成為他的殖民地！

除了辣椒，另一種重要糧食作物——馬鈴薯也改變了世界，當北歐、北德和愛爾蘭16世紀正苦於饑荒，哥倫布所帶回來的馬鈴薯恰好適合冷而貧瘠的冰河平原，於是解除部分缺糧甚至餓死的人口危機，連德國（神聖羅馬帝國）的國王都要跳出來示範如何吃馬鈴薯以及說明吃馬鈴薯的好處，可見它的重要性。如今馬鈴薯已成為稻米、小麥之後的三大糧食，前述的北歐，不論是丹麥、挪威和瑞典，餐餐幾乎都可以看到馬鈴薯，最常見的是薯泥或是薯條，德國豬腳是主菜，薯泥才是主食，英國的名菜fish & chips也有馬鈴薯，連帶地由歐洲移民至美國的人也都是以馬鈴薯為主食，或許只有南歐和南歐移民除外。這並不是說在義大利、西班牙吃不到馬鈴薯，只能說它的重要性不及麵包和米。當麥當勞攻占全球時，馬鈴薯也跟著擴張了版圖，沒有米

的日子也許對東方的年長者有影響，但是對我們東亞的年輕人而言，沒有馬鈴薯的日子恐怕更難以想像，飲食文化的改變就在三代之間，來自美洲的辣椒和馬鈴薯，早已改變了世界的飲食文化。

美洲的飲食會先從美國開始，從東北、大西洋、南方到西部，再經由中美的墨西哥，最後來到南美的巴西、阿根廷等國。

第一節　美國和加拿大飲食

美國的歷史雖然很短，但是地方大，食材種類眾多，再加上不同的移民會移植他們的飲食文化，因此也造就美國豐富的飲食文化。

一、東北部

緬因由於盛產龍蝦，幾乎是世界上重要的產地，從緬因州首府班格（Bangor）往阿加迪亞（Acadia）國家公園，沿途幾乎全是龍蝦養殖地，餐廳都掛著龍蝦一隻10美元，這價格比起臺灣便宜許多，龍蝦自然成為當地的飲食特產與代表。東北地區也盛產蘋果，因此蘋果派也很有名，他也是移民初登陸的一區，被稱為洋基（Yankee）的六個州，其實就是指來自英格蘭的移民，雖然緬因也有Acadia，指法裔美國人，但人數不多。早期移民有點像游牧民族，為了遷移之便，會製作一種叫作鍾尼餅（Johneycake）的食物，烹煮容易，只要將調好的麵漿倒入平底鍋，不久即可食用，萬一作太多，乾乾的餅保存和攜帶都容易，所以可以將剩餘的餅放在背袋，供遷移途中，餓了可以充飢！

多數的主菜有豬肉、牛肉和鱈魚，東北的海岸也盛產鱈魚，例如麻薩諸塞州波士頓就有一個單釣沙嘴稱為鱈角（Cape code）是著名的沙灘！新英格蘭區另一道名菜為紅絨雜碎，除了放置許多材料外，甜菜拌炒染紅食材是它的外觀特色。緬因州有龍蝦，麻薩諸塞州有鱈

魚，新罕布夏有蘋果派，而佛蒙特除咖哩有名之外，楓糖派也算是其特產。

中大西洋區的紐澤西州最有名的是立頓紅茶，賓州費城則以牛肉三明治聞名，連美國總統都要來買！至於紐約因為是移民的門戶，早年有起司貝果，最近則有中國、中東或加勒比海飲食文化，使這裡充滿異國色彩。

二、中西部

中西部飲食是農村家鄉菜，也就是典型美國菜，將肉塊或禽類簡單燒烤，配上蔬菜、馬鈴薯和麵包，有一點像我們吃牛排、豬排和雞排，只是不一定有鐵板，也不會有麵條和一顆蛋！

中西部有許多來自新英格蘭和大西洋的移民，並帶來了各自家鄉菜，其中牡蠣出奇地受歡迎，甚至將沾粉的牡蠣塞入鳥腹，再用火烤！

隨著時間流轉，異國料理也隨移民帶入中西部，例如捷克的水果餅（kolachos）、匈牙利燉牛肉（Goulash）、德裔俄人帶來半圓餡餅和餃子。

伊利諾州有辣根（Horseradish），有一點像芥茉，供應全球85%的市場。印第安那州除了蔬菜派，還有瑞士起司火焗。堪薩斯州的牛排、燉火肉和漢堡很受歡迎，至於安息教會提倡素食，他們發明了玉米片和綜合穀片已經暢銷全球。

三、五大湖區

靠近湖區以野味和漁產為主，例如鳥、麋鹿、熊、鴨鵝和兔肉。春麥品質好，是全球最大的麵粉磨製中心，紅河谷種植許多甜菜，密蘇里的移民帶來比司吉，本州有7000名養蜂人，蜂蜜當然是特產。俄亥俄州則有一本教人烹煮浣熊、臭鼬和烤熊肉的食譜！辛辛那提豬肉

食品爲全球之冠，其肉醬供不應求！

四、美國南部

南方菜的形成受到三種影響：印第安、歐洲移民和非洲裔。

南方主食的界限，35%的美國人住南方。南方是好客的同義詞。最早來南方的是西班牙移民，1565年到達佛羅里達州，阿帕拉契山的人吃野菜，非裔帶來花生、秋葵和西瓜。

克里奧（Creole）指的是路易西安那的法裔，而克里奧料理則是混合 法、西、非、英和美洲原住民的烹調精髓。至於凱君（Cajun）指的是純粹法裔的料理；凱君菜（Cajun fare）有秋葵濃湯、什錦雞肉海鮮炒飯、茄汁小龍蝦。

阿拉巴馬——海鮮，特別是蝦，可以炸蝦，可以川燙，可以沾醬，還可以塞到南瓜、酪梨裡燉烤吃。阿肯色稻米產量全美第一，冬季休耕時，野鴨來到稻田，烤鴨作做成高湯就成爲名菜，鯰魚也很多。

佛羅里達柑橘聞名，葡萄柚、橘子、萊姆等。喬治亞燉松鼠、紅莓果凍、燉秋葵番茄、肯塔基州熊肉最受歡迎，肯塔基州的什錦濃湯。

路易西安那的蝦子沾檸檬醬或辣椒醬（材料有番茄、青椒、洋蔥、肉桂、醋）稱爲克里奧蝦。

南卡羅萊納州查爾斯頓（Charleston），無數異國食物從海路而來，如中美巧克力、加勒比香蕉、印度芒果醬。海鮮亦重要，例如蝦肉泥酥餅配玉米糊當早餐，本地的米飯是馬達加斯加稻米，這種非洲奴隸傳入的琥珀色米粒稱爲卡羅萊納黃金米，適合水煮。另有米布丁和那雪球（蘋果餡的飯糰）

玉米釀的波本酒（Bourbon）是美國國民酒，主要原料爲玉米，酒精占40-62%，蒸餾後置於內層燒焦的橡木桶，放兩年以上，製造地爲

肯塔基州。

Bourbon原為肯塔基州東北部地名，美國獨立戰爭時，1778年法國波旁王朝路易十六支持美國，為表達敬意而取名，附近有巴黎等地。本地石灰岩層有良好水質，為抗議政府抽重稅而有威士忌暴動。至於文化活動，有改裝老爺車的競速比賽！

五、美國西部及阿拉斯加、夏威夷

1.西部：愛達荷州是馬鈴薯的同義詞，產量占全美1/3。除了氣候冷涼因素外，愛州馬鈴薯都是長在蛇河河谷的火山土壤，已被法定立名為愛達荷馬鈴薯。

蒙大拿過去是原住民的天下，主食野牛、野味著稱，鹿肉可以烤肉、辣椒肉或肉丸配辣椒番茄。

新墨西哥——普勃洛（Pueblo）玉米排骨湯、印第安烤羊、西班牙雞肉烤飯。

猶他州——牛奶肉濃汁用麵粉、豬油、牛奶煮成，以黑胡椒調味，牛仔稱為摩門沾醬。

2.阿拉斯加日照長，蔬菜長得大，包心菜約70磅，大黃根長到4呎，還有鮭魚、大比目魚、帝王蟹。

3.加州蔬果占美國一半，雞蛋、牛奶也居冠，最近加入亞裔（中、日、韓、越、柬、寮）科羅拉多曾以野味聞名，如狐狸尾巴。

4.夏威夷除波里尼西亞的澱粉質蔬菜，如芋頭、麵包果、樹薯外，日式拉麵也常為午餐。還有葡式甜甜圈（無中空）。

六、加拿大

大西洋沿海省分——新斯科細亞省的菜餚略帶德國味，海產也多，有牡蠣漢堡。魁北克肉派是用燕麥來增加肉餡的濃度，而一般是用馬鈴薯（英式）。

安大略——鬆餅、脆餅、羊肚湯；冰酒（icewine）也是特產。

草原省分（薩克奇萬、亞伯達）有草原牡蠣（油炸牛睪）、各種族的麵包，如荷蘭麵包、法國麵包、烏克蘭麵包。

卑詩省——英式加中日式，一種稱為礦工菜（miner's lettuce馬齒莧科）、糙莓（thimbleberries）

第二節　拉丁美洲飲食

拉丁美洲飲食包括墨西哥、中美地峽、加勒比海的古巴、南美洲的巴西、阿根廷、智利和祕魯等。除了美洲原住民的飲食以外，來自非洲的黑人和歐洲的西班牙和義大利，對拉美也有很大的影響。

一、巴西

來自歐亞非移民薈萃，飲食習慣也深受移民國的影響，南部牧場多，烤肉是當地最常用的主食，東北地區以木薯粉和黑豆為主食，其餘地區是麵、大米和豆類；蔬菜消費則以東南部和南部居多。

雜碎黑豆燉肉，300多年前，奴隸將餐桌上收集的食材與黑豆一起燉煮，起源類似臺灣的「菜尾」，廢物利用竟然演變成今日巴西的「國菜」。除了美味是真的以外，象徵意義也很重要，它代表早期移民刻苦，珍惜食物的精神，在今日速食浪費的時代，格外有意義。

二、阿根廷

阿根廷的彭巴草原是著名的畜牧（放牧）區，因此這裡的烤牛肉很有名，和我們切塊或切片的料理方式有所不同，阿根廷的牛羊都是一整隻烤，肉質吃起來不會太硬。另一道阿根廷的國菜matambre，意指飢餓終結者，是以牛排用香草調味，輔以蔬菜、水煮蛋、紅蘿蔔，再以繩索綑綁燒烤。

三、墨西哥

墨西哥人的主食是玉米麵皮（Tortillas），他們將玉米做成各式美食，墨式三明治（Taco bell）就是以玉米麵皮包裹各種蔬菜和肉類（雞為主），已經成為美國第六大連鎖餐廳，比肯德基還要多，尤其美國南方，交流道和shopping mall一定有麥當勞，第二、三家速食餐廳是Taco bell和K.F.C.，有時候有Taco bell還不一定有K.F.C.。Taco bell一份大約79-99c.（美分），價格低廉，口味比漢堡更適合國人口味。

墨西哥另一種暢銷全球的食物是多力多滋（玉米餅片），佐以番茄、洋蔥和辣椒調製的沙沙醬，真是美味！

四、祕魯

祕魯的馬鈴薯就有100種以上，不愧是馬鈴薯原鄉，不但是主食，也可以是點心。另一種重要肉類是天竺鼠，和我們吃豬肉一樣，在祕魯吃天竺鼠是非常普遍的。祕魯從高山（安地斯）到海岸，以海鮮為主，有新鮮的魚、干貝或螃蟹，泡在檸檬汁，以利馬為代表。祕魯的國飲是瑪代茶（Mate），目前臺灣也有販售。

第五章

服飾文化

文化有物質的、社會的和精神層面，服飾也同時存在這三個層面，有的穿著基於禦寒或防熱，屬於物質層面。有的服飾具有階級或象徵意義，這就是社會性或精神意義。以下先從服飾的起源，歷史上的服飾，最後是各地區服飾介紹。

第一節　服飾的起源

　　有關服飾的起源有許多學說

　　1.羞恥說：按《聖經·創世紀》記載，亞當、夏娃自從吃了分辨善惡的果子，就感覺到自己的裸體不合禮儀，於是需要有衣物或樹葉來加以遮蔽，這是衣服產生的由來。姑且不論《聖經》或宗教，人類確實對裸體相對感到不自在，至少全球有多數的文明地區是如此的。

　　2.武裝說：人類馳騁於荒野中，爲了保護身體不被外物或蟲獸所傷，使用衣物可減緩傷害直接觸及體膚，穿鞋子也是爲保護足部。作戰時的盔甲或厚重衣物都可以防止刀劍深及內臟。

　　3.迷信說：原始生活、泛靈的信仰常常會將生老病死、天災地變和野獸的侵犯，解釋爲魔鬼神靈生氣對人類的處罰。巫師建議穿戴某種衣物或顏色，例如獸牙或刺青，可以避邪！

　　4.氣候說：所謂氣候說，就是氣候寒冷就需要保暖禦寒的衣物；氣候酷日加風沙大，就需要全身包裹，如果在西藏高原早午溫差大，則需穿著適合開合的衣服。

　　5.裝飾說：愛美是人的天性，恐怕今日世界更多數的人對衣服的選擇，美不美是首要因素，穿著得體也是修飾自己的方法，打扮更是衣著不可少的部分。

　　6.雌雄淘汰說：按達爾文之主張，動物都是以其外型吸引異性交配，鳥類常常是雄性較美豔，來吸引雌鳥，人類正好相反，女性穿著性感以吸引男性。經濟學家發現景氣好轉，女生裙子越短，反之則越

穿越長，是否與達爾文主張有關聯，有待進一步研究去驗證！

　　7.貞操觀：在中東，特別是什葉教派地區，絕對禁止婦女在外拋頭露面，認爲婦女露出手腳臉都有違貞操觀。印度部分地區是允許婦人裸露上半身，卻不允許露腳露腿，也許基於哺乳，露上半身可以，下半身（只露小腿）卻反而覺得有挑釁之意味。

　　8.標誌說：階級制度森嚴，冠服配飾成爲封建地位的象徵，或反映官位。中國古代也有按顏色分階級，白色是平民的穿著，臺灣早期原住民的服飾也按階級分。

第二節　歷史上的服飾

　　古裝劇要講究歷史上的服飾，最好是文字記載，圖文並茂，甚至考古文物加以佐證。中國大陸因爲地利之便，有許多出土文物可以考究各朝代衣服，因此唐朝歷史人物的穿著明顯不同於宋、明和清代，不像臺灣，早年缺乏文獻，近來則經費不足，常常是從秦朝到清朝，演員身上都只穿了一套叫作「古裝」的服飾，難怪我們的古裝劇沒辦法和大陸製作相比，就連日韓也都強過我們，實在值得好好深思！

　　古代軍隊裝備常常穿多重甲胄，猶如前述服飾起源之「武裝說」，例如《呂氏春秋》記載，晉惠公在衝擊秦穆公已破六禮，楚國潘黨箭可射徹七孔！

　　公元前627年，秦晉作戰，秦穆公穿凶服以示罪己，說明古代帝王或貴族，透過服飾表達他想傳達給百姓或軍事的訊息。

　　唐朝是歷代中國人穿著開放尺度最高的民族，詩云：「粉胸半掩疑暗雪，長留白雪占胸前。」他們穿著低胸服飾，落落大方，展現乳溝的方式，一如英國維多利亞時期。大凡一個繁榮的國度，自信的民族都會採取較開放的穿著，這種開放尺度，只怕今日的華人都會自嘆弗如！

回到前述「雌雄淘汰說」，經濟景氣，女孩們的裙子越穿越短，不知道中國女生現在穿著長或短？臺灣呢？流行迷你裙是民國60—70年代，那時候臺灣經濟起飛，現在呢？是否臺灣女孩的穿著反趨保守。再看看越南，近年經濟成長非常可觀，女孩們穿著大方（裸露部分）更加明顯！以上我們說的都不是個案，而是指一種常態，多數人的行為。

除了唐朝女子穿著開放之外，唐朝經濟繁榮，皇帝也較奢華，唐肅宗的衣服洗過三次就會提醒侍者，該更新了。一般百姓穿三年也不為過，到現在筆者還可以穿學生時期的衣服（接近30年），不知道是衣服耐穿、個人節儉、環保觀念或守舊……，也可能是多重因素所造成。

《水滸傳》所述的背景是宋朝，第26回寫到潘金蓮自從藥死她的夫婿武大之後，哪肯戴孝？每天濃妝豔抹和西門慶一處取樂！聽說武松回來便脫去紅裙，改穿上孝服。作者欲呈現的潘金蓮是一位不守婦德的女子，這在宋代自是不為任何中國人所能容忍！時空轉換到今日，也許心理醫師為輔導病患早日脫離喪夫之苦，濃妝或至少鮮亮的穿著，可以表面上擺脫憂鬱。古今對照，古代至親過世，通常需要守孝三年，以表哀喪與孝道，如今工商社會，如果穿著孝服，只怕員工願意，老闆也會請你離職！一國元首通常也會盡快處理喪事，完後就回復到日常生活，所謂國喪也沒有任何國家會維持三年，古今生活與文化之差異，從服飾文化與穿戴也可以反映。

西方歷史上的服飾，首先是睡衣（pajamas）語源自波斯，可以想像波斯有睡衣的文化起源已久！帽子可能在公元前5世紀就出現在希臘，他們是用麥稈來製作，今日臺灣的大甲草帽仍然相當受歡迎，是類似材質。

至於今日全球場合所穿著的西裝（suit）則是由路易十四的外衣演變而來，到了法國大革命之後，逐漸定型成為紳士的穿著典型。內穿

的襯衫，在1840年有定型，至於襯衫的領子則是1890年以後才演變至今日的模樣！

　　至於為什麼大家都穿西式的西裝和T恤，主要的原因是它便於穿脫，比起日本和服或中國長袍馬褂，T恤和襯衫是來得方便許多！

　　西裝穿著的代表人物——卓別林，他在自傳中說，為了表現像流浪漢，又是一位紳士，他穿著寬大的褲子和鞋子

第三節　服裝的空間差異

　　首先服飾可以反映當地的氣候，所以北歐丹麥的服飾可以將全身從頭到腳都包裹住；夏季炎熱的希臘有露胸裝，西藏則有半開式穿著，以便適應早午溫差！乾旱的阿拉伯人除了白色的大袍可以反射與遮蔽陽光之外，將全身包裹只露出眼睛的穿著也是為了防沙和防曬。

　　熱帶多雨地區，例如東南亞的居民常穿無領的上衣。以下按國家或地區介紹服飾：

一、亞洲地區

(一)中國

　　代表男性的服飾為長袍馬褂，近現代則以中山裝，特別是公務員穿著代表簡樸。孫中山和毛澤東是兩位代表人物，蔣介石顯然不常穿著它，我們所見的蔣公肖像，早期是軍裝比較多，後期在臺灣會穿長袍。

　　女性代表服飾式旗袍，打從清朝旗人入關，這款旗人女性服飾最能夠突顯女性身材又不失端莊典雅，廣受現代中國女性的喜愛，就是到21世紀的今日仍有愛用者，可見它的魅力！

(二)日 本

代表日本的衣物是和服，它是由多層次的布所堆疊穿起，今日在京都的藝妓都穿著和服，觀光客也可以花上10,000元和個把鐘頭，會有專人幫妳穿和服，拍照紀念。

(三)韓 國

女性韓服是短上衣加上寬鬆的裙子，而男子就穿著窄身、長至膝蓋的上衣（袍）和闊身褲，並把褲腳綁在足踝。

韓服的美可以從外觀的線條、布料的色彩及裝飾的變化中看出。強調女性頸部柔和線條的短衣，內外邊V字型領或自然柔和的袖口曲線，突出溫和感。從短衣到裙子，垂直下垂的線條都體現端莊、賢淑。裙子從上到下漸漸擴散細紋增加優雅之美。線條的美在男性的服裝中也一樣。

韓服的特徵是色彩，紋路、裝飾等很隨意。使用兩種以上顏色，超越單純色彩的範圍，受陰陽五行思想影響。花紋、衣邊裝飾也增添了韓服的美。

(四)越 南

男性常常是一件類似中山裝的灰藍布衫，女性服飾則稱為翱黛，有一點像旗袍，但是下襬有一件長褲，常常是白色，顯得純潔。

(五)印 尼

東南亞的人有穿沙龍的習慣，尤其是印尼巴里島。所謂的沙龍是一塊長1.5公尺，寬一公尺的布，男性穿著幾乎只有當下襬的裙，女性則變化較多，有配件和無配件之分，前面打結和後背打結，隨個人巧思有多種穿法。

圖5.1　印尼傳統服飾——沙龍

㈥緬甸

　　男男女女都穿龍基，外觀看起來像沙龍，只是沙龍是一塊布，龍基則是縫好的兩層布，穿時從頭部套入，從足部取下，可以在毫無遮蔽下，在溪邊露天洗澡後，套上乾淨，再退去舊衣。至於會不會弄溼乾淨衣服，則是每個人技術不同吧！

圖5.2　龍基

㈦印度

　　印度的傳統衣服稱為紗麗，它是一條寬一公尺，長五公尺的布，
這麼長的布要穿裹在身上實在不易，但是會穿的人可以把它穿得很有
韻味。能穿紗麗的通常是富貴人家，因為一件紗麗一般3,000臺幣起
跳，質料好的可以上萬元，這可是當地人幾個月的薪水，何況穿紗麗
也不方便工作。

圖5.3　紗麗

二、歐洲地區

㈠大不列顛

　　今日新娘結婚的白紗禮服可追溯到1840年，英國維多利亞女王與
阿爾伯特親王的婚禮，白紗象徵純潔與奢華。

　　至於蘇格蘭最有名的是叫作「基爾特（kilt）」的裙裝，1707年
蘇格蘭與英格蘭合併，1745年英國漢諾威王下「禁裙令」，直到1782
年，蘇格蘭經過30年的鬥爭才爭取到「禁裙令」的取消。實際上這種

格子式的裙子樣式不同，分別代表他們不同階級的象徵！黑灰格是政府格，也是皇室成員的圖案，這種格子圖案也稱為「貴族格」。

(二)德國

特別是在巴代維亞，他們的婦女多以裙裝為主，上衣沒有翻領，顏色多半是墨綠色，裙子樣式似圍裙，顯示勞動婦女的氣質。

男士的皮褲（lederhose）由真皮縫製，並有吊帶，配上白襯衫和白襪子。

(三)南歐

南斯拉夫的達爾瑪迪卡服裝（Dalmatic）在公元前2世紀傳入羅馬，6世紀時成為祭司專用服。

希臘服飾以優雅、飄逸見長，輕薄的紗質、緞質面料及雪紡能夠體現出希臘服裝所特有的垂順感。

目前多半認為白色是希臘女神的代表，但在古希臘，紫色更為常見。

(四)東歐地區

常以大麻、亞麻布料製，白襯衫、有罩衫，例如南斯拉夫、保加利亞和羅馬尼亞。

波蘭則有另外的風情，整套的衣服有襯衫、馬甲、裙子、圍裙、鞋子和首飾，最有價值的帽子是給已婚女性戴的，在他們揭開新娘面紗時，第一次戴上它。裙子有兩層，外層是白色，她們把它當作做家事時的白布！

三、美洲地區

(一)印第安：

以灰熊爪為裝飾，代表勇氣。

重視髮型，喜歡唇飾與耳飾。奧馬哈部為鳥圖騰的人，在額頭梳小辮子象徵鳥嘴、頭後留一束髮象徵鳥尾、兩邊留辮子象徵鳥翼。奴

卡特族用獸脂與顏料繪臉，並且灑雲母為亮片。

「鈴衣舞」（Jingle Dancing）它源自於個人所感受的異象，發源地是在南部的一個平原部落。鈴衣共有七排鈴噹（用銀片或鋁片做成管狀裝飾），其中可以看到365顆，有一顆是隱藏的。七排鈴噹所代表的是四個方位、土地、天空及精神性的內在世界。

咚咚的鼓聲就如同各種生物的心跳聲一樣，代表著生生不息的生命，由印第安「黑腳部族」（Blackfeet Indian）主辦，而烏鴉郡的烏鴉慶典是由印第安「烏鴉部族」（Crow Indian）所主辦。

㈡拉丁美洲：

智利阿勞坎人穿斗蓬和一條契里帕，飾有精巧的幾何圖案，色彩豔麗，可當作小毛毯。契里帕是一塊兜在兩腿間，兩頭用腰帶束的彩色布條。

彭巴草原穿波秋服，為長1.5-2公尺，寬不到1公尺的大披巾。

第六章

建築文化

營造（build）和建築（architecture）兩英文詞彙分別產生在12世紀和16世紀，所謂營造是藉由工具將某些物體組合，此一過程稱爲營造；建築則一直到文藝復興之後才出現，「arch」有主宰、主導的意思，建築師是主導一群營造工頭的指導者。

在《靜謐與光明》（Silence and Light）一書中，路易斯·康將事物分爲可計量與不可計量，不可計量者是靜謐；可計量者爲光明，建築者是存在於靜謐與光明之間。事實上，營造是在處理可計量的部分，要建多大的建築體，需要什麼的材料，力學與結構問題，但是世界上知名的建築師都在處理不可計量的部分。「牆——你在對我做什麼？牆回答，我保護你，使你有安全感；我在你身上打個洞，我想看出去。」前段是可計量，屬營造的部分，後段打洞開窗，就是不可計量，屬於建築。羅馬的穹窿屋頂已經比平頂屋頂有創意，例如羅馬萬神殿的圓頂透光，頗有神祇降臨之意，但是人們不滿足，所以有拜占庭式的高穹窿——洋蔥頭，甚至文藝復興的百花大教堂，其建築結合羅馬和哥德的技術，兩個圓頂疊套在一起，裡面支撐外面，兩頂之間有金屬的加強箍條，可以防止外面的圓頂散開，如此麻煩地突破力學限制，無非想要創造「靜謐」不可計量的部分。

第一節　西洋各時期建築與特色

一、希臘

希臘建築的特色爲柱式、比例、橫梁、圓柱、棋盤式街廊。柱式有三種，分別爲多利克（Doric）、愛歐尼克（Ionic）和柯林斯式（Corinthian）。多利克式簡單、雄壯，代表建物爲雅典衛城山上的巴特儂神廟；愛歐尼克柱式比較纖細、典雅，用於女神廟，特徵爲柱頭有山羊角，代表建物爲巴特儂神廟北側的雅典娜神廟，除了愛歐尼

克柱以外，還有四支人形雕塑的柱。至於所謂柯林斯式柱沒有一定樣式，舉凡不屬於Doric和Ionic，都是柯林斯式，其柱頭的花樣較繁複而多元。希臘建築的第二特徵是比例，橫梁與圓柱、三角楣的每一柱長皆爲黃金比例1：1.6。雅典的都市規則爲棋盤式，山上是神殿，山下是行政與商業中心，所有這些格局都是神所喜悅！

圖6.1　衛城巴特儂神廟

二、羅馬

　　建築承襲自希臘，我們可以在羅馬競技場（Colloseum）找到三層的柱子，而這三層正好是前述希臘建築的三種樣式，和希臘最大的不同點是羅馬不像希臘雅典的地形有山岡衛城，所以他的神殿（Basilica）和行政商業合爲一中心，稱爲廣場或論壇（Forum）。包圍大會堂（Basilica）和行政中心外圍，有一連串的建物——大浴場和競技場、許多神殿，例如凱撒、奧古斯都廣場，劇院、跑馬場等休閒運動設施。萬神殿建於公元35年-118年，分爲兩部分，一是傳統門廊，長方形花崗石柱，另一爲巨大的圓頂大廳，這是羅馬建築另一特色，至今保留完整的古蹟！

圖6.2　競技場

圖6.3　萬神殿

　　羅馬因爲人口眾多，建有五層樓的公寓，其垃圾堆積也高達數公尺，公元6年，大火吞噬近1/4的羅馬，歸因於年久的公寓有時以紙糊的結構導致大火延燒。除了權力，拱和穹窿圓頂等特徵之外，水利設施是羅馬帝國另一偉大政績，位居地中海的地理位置，唯一的作物生長季是夏季卻是缺水的旱季，因此帝國建設了密集的灌溉系統，引自阿爾卑斯山的高山積雪融化，可以灌溉全帝國，而且取之不竭。如今留下的建設景觀有水道橋，比較著名的如西班牙馬德里西北方的塞哥維亞，和法國南部尼姆（Neim）的加爾橋。

圖6.4　塞哥維亞水道橋

三、拜占庭式（公元400年-1000年）

　　西羅馬帝國於公元476年被北方蠻族所滅，可是東羅馬帝國則持續在君士坦丁（今土耳其伊斯坦堡）興盛800年，其建築特色是穹窿頂。當年東羅馬帝國留下的聖索菲亞教堂經歷伊斯蘭的鄂圖曼土耳其帝國，沒有慘遭摧毀，除了內部《聖經》故事被修改之外，外觀上就多了四支尖柱子！除了正宗拜占庭建築位於君士坦丁堡外，最多的拜式建築可以在俄羅斯及其影響所及的遠東，俄羅斯帝國在Vladmir建立基輔公國時欲尋找宗教立國，禁酒的回教和佛教因為和其飲酒文化有所衝突，所以先被棄除，最後找到希臘正教，連帶引進拜占庭教堂建築。到了恐怖伊凡擊退拔都等塔塔爾（Tatar）族，國力漸強，並且建造紅場的瓦舍爾（St. Basir）教堂，至今仍為全世界最有名的拜占庭式建築，他們的穹窿較之原先的伊斯坦堡建築要高且尖！

　　俄羅斯以外，在中國東北的哈爾濱也有聖索菲亞教堂，建立於光緒33年（1907年），曾經是遠東地區最大的東正教教堂，如巴黎聖心堂也都是建於20世紀初，是晚近比較著名的拜占庭式建物！另外，在

義大利威尼斯的馬可教堂也屬於拜占庭式建築。

圖6.5　巴黎聖心堂

圖6.6　莫斯科瓦希爾教堂

四、仿羅馬式建築（8-12世紀 Romanesque）

　　一般說為仿羅馬或羅曼式建築是結合各種風格，例如羅馬、近東、拜占庭等。它是哥德式建築的前身，在義大利比薩就有一些仿羅

馬建築。

五、哥德式建築

　　歐洲保留許多中世紀的古城，而這些古城也多半可以見到哥德式建築。一開始「哥德」此一稱呼有些輕蔑，類似我們說的蠻夷，只是後來發現通天的高塔，確實適合用於敬拜上帝，所以歐洲許多大教堂都是哥德式建築，米蘭大教堂、德國科隆大教堂和巴黎聖心院都是！除了尖塔，飛扶壁、帶肋拱頂、野獸滴水嘴都很有特色，內部的彩繪玻璃多半刻畫著《聖經》故事，微光下很有宗教氣氛！

六、文藝復興建築

　　文藝復興又稱都市人文化，資本家得以控制城邦經濟，他們不再需要厚實的城堡作防衛，代表建物例如法國羅亞爾河的香波堡，以尺規為度量，圓形與正方形為主。後期建築稱手法主義或矯飾主義，代表建築有佛羅倫斯的百花大教堂。

七、巴洛克建築

　　巴洛克（Baroque）的意思是「畸形的珍珠」，也就是詭變而華麗，正值西方帝國主義興起，在殖民地規劃都市有林蔭大道、圓環、重要地標和建築，例如新德里和巴黎，美國華盛頓D.C.也是由法人L'Enfant 所設計。音樂方面如巴哈，非常華麗的音樂，多裝飾音。建築方面突破了文藝復興的中規中矩，橢圓形是它的最愛，或長條加圓，例如羅馬梵蒂岡的聖彼得教堂廣場。巴洛克的建築繁雜多飾物，天花板的飾物滿得快要溢出來，變形、諷刺、錯覺、懸疑、流動感，直線與幾何圖形不再受寵，義大利貝里尼（1598-1680）是代表人物，其在羅馬的設計海神噴泉、小船噴泉都是典型巴洛克。魚鱗片屋頂是另一特徵，例如臺北賓館和臺中車站，至於臺灣的許多老街號稱仿巴

洛克，實則連洛可可都差一截，只能是陽春巴洛克！

八、洛可可建築

　　洛可可建築和巴洛克都是非常華麗的，只是巴洛克講究線條，洛可可則是在巴洛克的基礎上講究形式差，利用繁複多變的曲線和繪畫布滿壁面，有時還用鏡子成燭台，例如凡爾賽的鏡廳。在奧地利西邊的Innsbruck就有一整排洛可可建築，外觀常有粉紅色或粉綠色牆面；俄國聖彼得堡的多宮，也屬於洛可可建築之代表。

圖6.7　聖彼得堡冬宮

九、現代主義建築

　　現代主義又稱爲機能主義或功能主義（Fuactionism），是德國包浩斯開始，葛羅培1914年接任威瑪工藝學校校長，將校名改爲包浩斯（Bauhaas，等於build house，就是蓋房子之意）。這種功能主義風格顧名思義，強調用途功能好用，因此立面是自由而平的，屋頂也是平

的，絕對不會出現巴洛克時期的裝飾，連古典時期的穹窿屋頂、裝飾等都沒有，因為這些東西沒有用或不好用。在今天看起來是醜陋的水泥叢林，火柴盒建築，臺灣多數房子是如此的，它真的很醜，一無是處？如果真的是這樣，德國和以色列包浩斯火柴盒房屋不會被列入世界文化遺產名單之中！

事實上功能主義就是強調機能，多餘的裝飾相對而言是累贅或至少浪費成本，而它也不是一無是處，今日住宅中常用的鋁門窗和廚房流理台就是現代主義包浩斯對我們所做的貢獻！現代主義代表人物有柯比意（Coubier）、萊特、路易斯·康和貝聿銘，柯比意提出現代主義五原則，①底層挑空（類似透天厝一樓作停車場），②自由平面，③自由立面，④水平帶窗，⑤屋頂花園。只是到了晚期，柯比意在法國所建朗香教堂，香菇頭屋頂造形完全違背以上原則。貝聿銘有些書籍稱之為現代主義的泰斗，只是親問貝先生，他也不認同，也就是說這些某某ism有時是報派的，出版商給了頭銜，這些大師可不願被框架在主義當中！萊特所設計落水山莊，房子固然是現代主義，功能要好用，但是建在山坡水流，整體別墅的焦點所在——水車和水流，又豈是一般現代主義火柴盒能總美？

十、後現代主義

顧名思義是繼現代主義之後，對其反動的一種哲思或藝術觀，現代主義過度工整齊一，自然不能滿足現代藝術家或建築師。所謂「後現代」者，現在20世紀80年代，反權威、多元化是後現代的特徵，或者所謂「裝箱虱目魚，個個都是頭」，不再相信權威，沒有大師，每個人都想出頭，都有自己的一套。多元常常是雙元符碼，最簡單的作法就是在平屋頂上加古典的建物，例如文藝復興、仿羅馬，乃至於金字塔，中國金木水火土的斜屋頂就完成了後現代。後現代建築另一特徵是建築體太大，沒有一個人沒有指標而不迷路，建築設計師也不例

外，但是依靠完善的指標，陌生人也都能順利到達目的地出口，例如捷運站、三鐵共構和機場。以上的例子，國際大型建物是後現代建築的例子。

第二節　東方及其他建築

一、中國

　　把建築物簡化地看，就是屋頂和牆，中國的屋頂有金、木、水、火和土各式山牆的形式。以水平結構而言，一般中國傳統建築有三合院和四合院，一律坐北朝南，三合院爲一個人的身形，頭部一般是正廳（祠堂），左手是東面，以皇宮而言，就是東宮，爲太子所居，也就是說中國文化觀是「左尊右卑」。中國建築最廣爲人知的，或者說在月球上可以看到的巨大建築是長城，（實際上會是一條細到看不見的線）長城也是筆者走過中國各名勝，最震撼或者最感動的一景，從山海關一直到甘肅玉門關，一般遊客所至皆在北京城郊外。說到秦長城，超過2000年的古蹟，再加上它並非磚造，而是版筑，也就是夯土，經過漫長歲月，如果還存在，也是土堆一坯！現存長城以明代修建者爲主，也有500年的歲月，部分已經損毀，因此觀光客參觀的很多是近年中國政府爲觀光而重修，以居庸關長城爲例，可以看到毛澤東所提的字，足以證明其重修。此段長城建在燕山，它是華北平原和內蒙（熱河）的分水嶺，遊客爬在長城，上上下下無數的階梯，行走其間氣喘吁吁，莫不喊累！只是當你想起這些辛苦築長城的人，非但要爬山，可能還沒有樓梯？最慘的是要扛這巨大石頭上山，我們只是踩在先人所鋪好的路上，何累之有？

　　另一著名建築大概不會忘記「紫禁城」，它極有可能是當今世上最大的城牆城市（Walled city），採宇宙觀格局，四面牆代表春夏

秋冬，12道門代表12月分。牆高九丈九（33.7公尺），如此宏偉城體也是世上少見。當然除了內城，隔著東西長安大街則爲外城，是過去禁衛軍駐軍之地，有天壇是天子（皇帝）祭天所在地，其建築外圓內方，建有具回音效果的圓牆，代表圓融可上達天聽！

從外城到內城的長安大街有天安門廣場，這是當今世上最大的一個廣場，1976年和1990年分別發生了兩次天安門事件。

對了，目前的故宮仍存有許多珍寶古物，有明清檔案800萬件，善本特藏50多萬冊（件、塊），器物書畫100萬件，總計達960萬件，如加上臺北故宮的69.6萬件收藏，不論博物館規模、收藏件數和精緻度，都堪稱世上最大。

二、日本

日本具代表性的建築以關西爲主，特別是京都，而許多京都的古蹟皆爲日本大化革新後的產物，也就是仿唐式的建築。說它是中國建築的延伸並不爲過，今日要找中國唐朝的建築，京都保留的會比西安保留的多，一如傳統希臘建築，在土耳其比在希臘還要多一樣！

當然，這樣說好像日本沒有自己的特色，這當然是否定的，日本建築在屋頂方面是與中國不同的，例如京都御所，皇室所居，屋頂都是檜木一片一片搭起，那需要費時費錢，而且每15年要翻新一次！這不是平民百姓消費得起，所以一般人的建築屋頂只能用較廉價的木材、竹子或草編，目前岐阜縣白川鄉的合掌屋就是草編屋頂的翹楚，已列入聯合國世界文化遺址。

三、東南亞

說到東南亞建築或南洋建築，馬上想起高腳屋，也就是佇立在水上，用木架構的建築，一方面防止洪泛，另一面減少蛇蟲入侵室內。當然，在熱帶的南洋，如此建築也比較涼爽！

現在東馬來西亞的沙巴首府，亞庇外海很容易見到這類建物，甚至是水上的清眞寺。

目前馬爾地夫（Maldives）許多海上別墅（water villa）其實也是這種高腳屋的建築加以豪華改裝的延伸！

其實東南亞的吳哥王國在13世紀留下相當壯觀的建築，吳哥窟，小吳哥城有長1.5公里，寬1.3公里的護城河包圍，進入吳哥窟的參道長400公尺，映入眼簾的五座高塔非常宏偉，也很美！建築本身的每一個迴廊和壁雕都值得好好看上半天。大吳哥城則有著名的吳哥的微笑，據說是按照建造的帝王蘇耶跋摩七世爲範本所塑造，今日在柬埔寨街頭仍然可以照到許多一如吳哥微笑的眼睛，大概帝王後代眾多所留下的基因吧！

圖6.8　小吳哥城

圖6.9　大吳哥城──吳哥的微笑

第七章

交通導論㈠鐵公路

鐵公路是工業革命以來，人類最重要的交通工具，因為不論是飛機和船，最後都需要鐵公路才能抵達目的地。

第一節　鐵　路

鐵路一般研究的重點有兩項，鐵軌和火車頭。鐵軌有分標準軌1.432m，窄軌（1.067m和0.762m）和寬軌，大部分國家使用標準軌，例如歐美國家，而多山的國家會用1.067的窄軌，像臺灣、日本和滇越鐵路等，但是高鐵在臺、日仍使用標準軌，所以臺灣高鐵一排有五個座位，而部分的登山路線或糖廠、礦場則是五分車（就是標準軌的一半，0.762m，例如臺灣的鐵路支線，平溪線、水里線和阿里山線。）另外在平原寬廣的國家會使用寬軌，例如俄羅斯和印度。

火車頭在1885年以前是蒸汽火車頭，1885年之後開始出現電動車頭，1925年後有柴油車頭，目前的柴油車頭重300公噸，最高時速達160公里，可拖引貨車100節以上！除了上述的鐵軌和車頭，路床、道渣和枕木也是鐵軌周邊的材料，鐵路的鋪設在沒有特殊地形、橋梁、隧道、永凍層的狀況下，機械施工一天可以鋪達兩哩（3.2公里），難怪中國有一句話說，毛澤東在地圖上畫一條線，隔年鐵路就出現，依此速度，如果不需要蓋橋梁，在東北或黃淮平原，一年時間可以鋪設1000公里長的鐵路！

一般鐵路可分為單軌和雙軌，單軌通常在車班少、交通不繁忙的路段，以中央交通控制系統（CTC）來管制。臺灣過去全為單軌，中部是分成海線和山線來運輸，山線鐵路過去搭車由臺北至臺中，常會聽到廣播，列車停靠是為交會列車，請旅客不要下車，說明其單軌狀態，直到20世紀末，單軌不符使用需求，才在1998年完成雙軌化，而海線也在本世紀2012年後才雙軌化，花東線由於運量小，遲至2014年夏季才完成電氣化和雙軌化。目前環島鐵路除了南回鐵路以外，都已

經全面雙軌化和電氣化，這是臺灣在近十年的重要工程建設，只是媒體不常播放這類的訊息，媒體比較在乎因工程而抗爭的新聞！

接軌的方式有肩枕式  和墊式

以下將分別介紹登山鐵路或列入世界遺產、高鐵等與觀光密切關係之鐵路。

一、登山鐵路

提到登山鐵路，全世界最發達的區域在歐洲，尤其是瑞士，畢竟火車是歐洲人發明的。瑞士的登山鐵路眾多，其中最著名的是少女峰鐵路，擁有全歐洲最高的火車站，海拔3454公尺，早在1912年就完工，超過百年歷史。尤其在海拔3000公只的艾格峰下，全數鐵軌進入隧道，終點站需穿越冰洞才能到車站上面，工程難度高，海拔高，竟在105年前（與中華民國同壽）完成，可見瑞士的工程技術稱霸全球！

除了少女峰線，瑞士還有許多知名的登山鐵路，靠近中部大城琉森（Lucern）有皮拉特斯（Pilatus）登山鐵路，是全球坡度最大的鐵路，平均坡度480‰，一般鐵路建設在25‰以下，阿里山鐵路是30‰，480‰幾乎是正常鐵路的20倍陡，當然沒有任何的煞車系統有辦法完成煞車。所以瑞士人發明齒軌，在鐵軌中間多一排齒輪，讓火車上山時只能上，不會下滑，所以搭有齒軌的火車會聽到「達達達」的齒輪轉動聲，速度自然也不會太快。

冰河列車由聖莫里斯至策馬特，沿萊茵河和隆河谷地行駛，策馬特是登山的小城，有馬特峰和羅莎峰等名峰，列車有半圓形玻璃屋頂，方便欣賞風景。白朗峰快線沿峭壁而上，跨越法、瑞邊境，終點在法國夏慕尼，是攀白朗峰的交通線之一。其他像通往義大利的伯連納（Bernne bahn）有8字形和螺旋鐵路也很有特色，黃金列車因為通過蘇黎世、琉森和洛桑（Lausanne）等瑞士精華區大城市而聞名。

圖7.1　策馬特附近景點

　　奧地利，西部山城因斯布魯克（Innsbruck）是重要登山鐵路的十字路，往北有Mittenwaldbahn，連接支線到盧易特（Reutte），可以到德國新天鵝堡；往南則是義大利Bernerbahn，往西為瑞士Alberbahn，往東接到奧地利音樂名城薩爾斯堡。此外，奧地利有一條最早列入世界文化遺產的鐵路，薩瑪琳（Semmeringbahn），這是19世紀，內陸國奧匈帝國急需尋找出海口，於是由維也納興建一條通往今日義大利的特里斯特港（Triste）的鐵路。當年，世上不曾有人建登山鐵路，1848-1854年，以6年時間動用20萬人，築橋梁十七座，隧道十五座，雖然只跨越800多公尺的海拔高度，卻是鐵路史上的創見，因此被列入世界文化遺產！

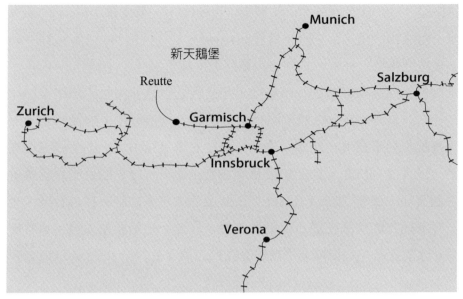

圖7.2　因斯布魯克與鄰近城市鐵路網圖

1.德國

　　德國、瑞士、奧地利除了同文同種之外，鐵路系統也非常一致，他們的電車系統電壓都是15kv，Hz，鐵路的號誌系統也相通，德國的D.B.（Deutch Bahn），瑞士S.B.（Swiss Bahn）和奧地利（Ostretch Bahn）名稱不同，系統卻相同，所以在德瑞奧的邊境，火車不需要任何更換就可以暢行無阻！德國的登山鐵路比較少，只有前述奧地利（Innsbruck）開往Mittenwaldbahn往新天鵝堡福森（Fussen）之外，就只有福森（Fussen）開往波登湖（Bodensee）畔林道（Lindau）的德國黑森林巴伐利亞沿阿爾卑斯山麓行駛，終點站林道（Lindau）是蓋在湖中島上，也是波登湖（瑞士稱為Constant）畔著名的度假勝地！

2.北歐（挪威）

　　由首都奧斯陸（Oslo）攀越基阿連山至第一大港卑爾根（Bergen）的登山鐵路，雖然基阿連山的海拔不超過1000公尺，但位居高緯度，盛暑車行至分水嶺芬斯（Finst）附近仍有積雪和眾多冰蝕湖。從

密爾達（Myrdal）至峽灣的法蘭姆（Flam）有一條支線（Flamsbana）水平距離20公里，卻下降了海拔864公尺，平均坡度為43.2‰，其中16公里坡度維持在55‰，是阿里山鐵路坡度接近2倍陡，雖然只有前述瑞士皮拉特斯登山鐵路的1/10坡度，卻已經是全球非齒軌的鐵路當中作最陡的一條[註1]，其火車前後都有電力機頭，一推一拉，並擁有五組煞車系統，列車在奧—卑鐵路分水嶺附近的米爾達出發，不久停在瑞加納，這裏沒有村莊，自然也沒有旅客真正下車，停靠的目的只是讓遊客觀賞基歐瀑布（Kios fessen），甚至在火車靠站時，播放音樂，有一穿著紅衣的女郎在瀑布前翩然起舞，只是不知道距離太遠，或者被瀑布水氣遮蔽，在現場並不易察覺紅衣的舞者？

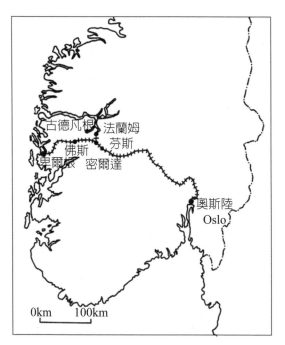

圖7.3　挪威景點圖

[註1] 根據蘇昭旭(2006)，世界嶢鐵道從出版，Flamsbana是全球無齒軌最陡鐵道，但是位於美國西維吉尼亞州的Cass Scenic railway 無齒軌，坡度110‰更大！

3. 南歐義大利

　　義大利的登山鐵路通常就是穿越阿爾卑斯山，例如往Innsbruck
的火車是從威尼斯出發，經由佛隆納（Verona）至因斯布魯克（Inns-
bruck），Verona是羅密歐與茱麗葉故事背景所在，也是著名的羅馬古
城。另一條從米蘭經由Domodossola至布里格（Brig）的鐵路，有著
名的辛普侖隧道長19.2公里，建築超過1世紀，一直蟬聯世界最長隧道
超過半世紀以上。而布里格（Brig）是前往瑞士著名登山小城策馬特
（Zermatt）的谷地重鎮，也是冰河列車最重要的轉運站，往西可達馬
汀尼（Martiny白朗峰快線起點）和日內瓦，往南爲瑞士策馬特和義大
利米蘭，往北則是首都伯恩（接黃金列車），往東至安特馬特（Ande-
matt）可通往蘇黎世或冰河列車起點聖莫里斯（St. Morris）。另一條
伯達納列車是通往瑞士東邊的庫爾（Chur），也是著名的螺旋鐵軌所
在。臺灣東部的太魯閣號和普悠瑪號列車，爲適合行駛崎嶇山路的傾
斜列車，其技術就是由義大利首先發展，可見其鐵路技術相當發達。

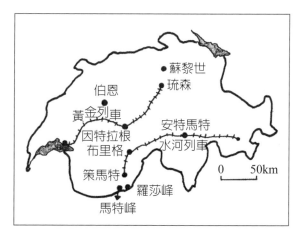

圖7.4　瑞士簡圖

二、亞洲

1.阿里山鐵路：離開火車發祥的歐洲，我們回到亞洲，先介紹阿里山鐵路。瑞士少女峰鐵路海拔3454公尺，尚且只排名全球海拔第十五高的登山鐵路，阿里山鐵路最高的祝山站只有2451公尺，何以重要？東亞地區在還沒有青藏鐵路之前，等於1912年的阿里山鐵路祝山站一直是最高海拔的火車站！

以登山鐵路的標準條件：①海拔達1500公尺，②最低海拔起點100公尺，③高低海拔落差有1000公尺，④全線超過33公里，⑤平均坡度在30‰以上。這樣看來，阿里山比起許多其他國家的鐵路還要更吻合「登山鐵路」的條件。至於阿里山鐵路被旅行社稱為世界三大登山鐵路，是因為阿里山與日本大井川和瑞士布里恩羅特（B.R.B.）結為姊妹鐵路的一種以訛傳訛的說法。瑞士B.R.B.位於布里恩湖（Brienze see）北側，火車攀登時可以見到山坡的綠和湖面的藍，甚是美麗的一條登山鐵路。

2.印度大吉嶺，由東部大城加爾各答（Culcutta）可以搭乘火車至避暑勝地大吉嶺（Darjeeling），1999年列入世界文化遺產，是亞洲第一條進榜的登山鐵路。

3.中國的青藏鐵路則是近年完成，已取代南美庫斯科成為全球最高海拔的鐵路。全線走在永凍土，施工不易，但是生態影響（經過藏羚羊的棲地）以及進入拉薩，有入侵西藏文化之嫌，因此也是比較具有爭議性的。

三、美洲

先介紹位於祕魯安地斯山區的鐵路，最高的終點萬卡約（Huancayo），海拔4319公尺，但是從首都利馬至萬卡約（Huancayo），全長329.8公里，部分路段經過海拔4878.6公尺，在青藏鐵路之前，一直

是全球最高海拔的鐵路。另一條位在北美的美國華盛頓山的鐵路，雖然也只有攀登海拔1917公尺，然而築於1869年，是全南北美洲最早，也是全球第二條興建的登山鐵路，今日你到美國新罕布夏州，仍有蒸汽列車帶觀光客前往山頂。

第二節　高速鐵路及其他鐵路

鐵路是歐洲人發明，高鐵也不例外，首先介紹法國TGV。TGV是（Train Grande Vitesse）的全名縮寫，意思是非常高速的火車，營運速度經常達300公里／時以上，因此一直榮登全球最快的火車。法國巴黎往南至里昂和地中海的馬賽，有全法最重要的TGV幹線，另外往比利時、盧森堡和東北方的史特拉斯堡也都有TGV的幹線，最近法國還在測試500公里／時的高鐵，幾乎可以與小型飛機競速，相信不久將來可以載客營運！除了法國，德國的IC，英、法、義間的歐洲之星，瑞典X2000和西班牙AVE也都屬於高鐵，時速在250公里／時以上。離開歐洲，日本的新幹線也常常飆速接近300公里／時，除了本州，現已連接九州，並朝向北海道（於2016年通），屆時即可有高鐵貫通日本南北。韓國KTX從首爾到南部的釜山也是高鐵系統，美國Acela Express由波士頓至紐約需三小時十五分鐘，只能算準高鐵，也就是說美州至今仍無高速鐵路。倒是中國的高鐵從漢口至廣州，從鄭州到西安，並在東南沿海廈門─杭州─上海，快速發展，是全球高鐵發展最快的國家。因造價相對低廉，有意進軍第三世界國家（日前中國總理李克強正好與東非國家，包括肯亞、坦桑尼亞和南蘇丹簽約，準備興建連接東非的高速鐵路。）當然，最後不能遺漏臺灣高鐵，它耗資4806億，是全球最大的BOT工程，2007年1月建成營運超過七年，已逐漸成熟，班次多，載客量大，成為縱貫臺灣最重要的交通工具，取代飛機和長途的臺鐵載運，時速在250公里／時以上，有時也看到298公里／時這

種接近300公里／時的速度，說它是全球最快的火車之一並不爲過！

除了高鐵，還有三條長鐵路值得介紹。

一、西伯利亞鐵路

1892年，乃是亞歷山大三世下令興建，全程9288公里，西起莫斯科，東至伏拉迪沃斯科（海參崴），是唯一橫跨歐亞的鐵路，也是全球最長的鐵路。西伯利亞許多永凍土，興建不易，貝加爾湖南多山，在隧道開通之前，冬季需臨時在冰上鋪鐵軌通行湖面，夏季則靠輪船接駁！

二、加拿大橫貫鐵路（C.N. railway）

加拿大靠太平洋的省分B.C.，在1871年欲加入聯邦政府，但政府要求十年內建一條連接東西的鐵路。只是B.C.省和亞伯達省中間隔著高聳的洛磯山脈，由廣東省招5000名華工，在加州招7000名華工，當鐵路完工後1881年底，只剩下5000名華工生存下來，天寒地凍，山地崎嶇，其艱辛並不小於西伯利亞，洛磯山脈∞字形的軌道，說明其盤旋山區的危險。而建完之後，華工已被視爲黃禍，以高額人頭稅壓迫離境，直到20世紀末始對華人表揚其貢獻。

三、青藏鐵路

平均海拔4000公尺，最高海拔5000公尺，低溫達零下20℃，空氣含氧爲平地之半，也是世界上人口密度最低的鐵路。

以上三條鐵路，除了在運輸的價值外，文化上、工程上乃至於觀光上都有相當的價值，每年總有不少遊客慕名前往搭乘。

第三節　公　路

公路的建設有兩重點，一爲選線，二爲測量。選線的步驟有初

勘、定線與施工測量，1930年以前，傳統的測量選線全靠人工踩踏勘驗，第二次世界大戰之後，遙測是初勘主要的工具，包括飛機或衛星的測量。然而臺灣的科技發展比較慢，至1960年，我們仍以實地勘查為主，例如關於經國先生的紀錄片，常常可以見到他擔任退輔會主委在勘查中部橫貫公路時走山路、搭流籠的驚險畫面！

影響選線的因素包括經濟效益、交通安全、便捷（速度）、國防問題和經費等。

1.經濟因素，開發公路常常是為了開採礦物、運輸農產等，當然，連接城市的公路則需要運輸工業製品和服務業的躉售與零售商品，因此，一條公路究竟要通過哪些聚落，什麼區域？經濟因素是非常重要的決定因素，特別是世界昇平的時期。

2.交通安全，公路選線考慮因素第二項為交通安全，所指是地質、地形和氣候因素。經濟因素決定了公路所經的城市或產業區域，而所通過細微的部分需考慮有無危險的地質（凍土、石灰岩滲穴、沉陷區、地下水流路等）、容易山崩的地形、地質區（順向坡、砂頁岩互層）、坡度過大，容易有強風、暴雨或多霧的氣候區等。高速公路要求具有200公尺的水平視野（能見度），坡度過大或濃霧都可導致這項最小能見度受到挑戰，以至於發生危險！除了自然因素，有文化衝突也會改變路線，如非洲因為部落衝突使得捷徑並不是最佳路線。

3.國防因素，古今歷史上克服萬難，快速興建的公路有滇緬公路，為打開被日本封鎖的中國海岸，用以補給中國大後方重慶，以不到一年的時間就建成的翻山越嶺的公路。高加索山區的喬治亞有所謂軍事公路（Military High way），昇平時期則為欣賞山嶺的通道。在臺灣則許多穿越山脈的路均有其軍事意義。清末，沈葆楨為建設臺灣，留下了蘇花古道和八通關古道。日據後期為了打擊霧社的莫那魯道，除了今日臺14甲埔里往霧社的公路，另有合歡山公路和花蓮銅門進入屯巴拉（今屯原）的臺16號公路前身。民國39年為連接東西臺灣的交

通，有中橫公路的興建，這些都是具有軍事目的而興建的艱難道路，就連完全看不見軍事意味的國道5號、雪山隧道，也可以解釋為軍事價值。宜蘭是離首都臺北最近的一個封閉平原，常常被虛擬為中共據臺的首選，因此每年都有演習，「兵貴神速」，以選擇高速公路走隧道和另外走原先的九彎十八拐的北宜公路，兩者在軍事運補的效用與速度是無法同日而語，因此推論雪山隧道有其軍事價值！

4.經費因素，交通建設都有其預算編列的限制，俄羅斯沙皇為了建西伯利亞大鐵路，把整個帝國蓋垮了！一般公路為了節省經費，常常繞路走更長的遠路，省下橋梁、隧道的建設費，甚至危險的山路沒有建設一勞永逸的隧道或通過生態敏感地區，都只因為經費的限制（新中橫於南投段是沿著陳友蘭溪上溯，直到九二一地震後，才興建跨在河面上的高架橋，以解決常年山崩的問題。）

5.便捷，在以上因素勢均力敵時，便捷因素會成為首要的選擇，或者反過來說，若非為了便捷，不需花大錢蓋高速公路或高架道路，產業道路也是路，甚至不需要公路，用走的或獸力走的通道即可！短時間來看，多蓋橋梁隧道會消耗許多建設經費，但是長時間衡量，如果一條公路每天通過一萬輛車，每部車少走10公里，就省下無數的油料。另外，時間就是金錢，車上的人所省下的總時間，無法估算其經濟效益！如果因此避開危險邊坡，則又省下許多修路的經費，也避免可能的人命傷亡。臺灣多山，其實應效法瑞士建設長隧道（動輒20-30公里），一來節省行車時間，二來減少山崩，危及人命的交通意外事故，更長遠的看，可通過生態敏感區，又不干擾動植物的生態環境，例如新中橫、南橫高速公路，每每因為生態因素而停滯，蘇花高也是一樣，接二連三的重大交通事故仍敵不過生態保育，明明是花蓮人唯一到臺北的通路，讓用路人冒生命危險走蘇花公路也在所不惜，是否思考採取長隧道可以一勞永逸！（崇德直通和平或和平直達南澳，直線距離都只有15公里，以今日全球長隧道的距離都不算太遠！）

以下分別介紹世界上著名的公路。

一、泛美公路

雖然說是全球最的公路，連接南北半球，從美國阿拉斯加直到南美阿根廷或智利，全長可能有25000公里，比繞半個地球還要遠！但是除了美加的Alcan和美國境內有明確路線外，泛美公路於中南美洲其實並非一條真正的公路，甚至可能要走在亞馬遜叢林之中。1920年代，隨著巴拿馬運河的開通，才有人開始認真思索這一問題（泛美公路），一直到1950年代，在南美的部分才有公路真正開通，至今有人騎車或開車完成，部分路段仍舊危險萬分。

二、美國66號公路

66號公路是連接東西，由芝加哥通往洛杉磯的公路，所以是美國人遠征西部的歷史路，在全美國找不到一條比66號更具歷史意義的公路，電影CARS所描述的正是這一條歷史公路。如今隨著10號、40號等州際公路完成，走66號的人、車急速減少，許多過去66號公路所通過的聚落都快要變成鬼城（Ghost Town）了！

三、絲路

絲路是非常有歷史意義的道路，從西漢時期開始，它就是東西文化交流之路，中國漢唐時期的版圖都可以到中亞哈薩克等國，希臘亞歷山大和羅馬帝國也都至少通到阿富汗、伊朗或中亞五國。所謂絲路——如泛美公路，是一種交通概念而非真正有單一編號的公路，它指的是中國通往歐洲的路，至少有南北2-3條，在中國過河西走廊就分為南北兩路，一則往北經烏魯木、塔城到哈薩克，另一條往南繞經南疆沙漠至喀什，再接吉爾吉斯、阿富汗與巴基斯坦，也就是唐朝高仙芝作戰或唐僧印度取經之路！不論經由中亞或阿富汗、伊朗，最後會抵

達近東地中海岸的土耳其或大馬士革（敘利亞）、以色列。

四、南疆公路

全長426公里不算太長，只是穿越南疆沙漠——這個史坦因（Stein）探險時差點全軍覆沒的塔克拉瑪干沙漠（其意即為進去出不來），可見其危險性。中國投資2.2億人民幣，從輪台至民豐穿越塔里木盆地，許多地方容易被流沙淹沒，必需先做好防沙、固沙工程，沿途依舊沒有聚落和居民，公路單位只在中途擺放汽油桶作為補充油料之用。

五、新藏公路

早在1957年，中國就完成全世界最高海拔的公路（5433公尺），公路自南疆葉爾羌翻越崑崙山、岡底斯山至西藏阿里，全長1179公里。走的就是唐玄奘取經的路線，也吸引最多廣告媒體的拍攝。

六、羅曼蒂克大道

羅曼蒂克大道是德國萊茵河支流緬因河到巴伐利亞，一連串的教堂與城堡，北方的起點為伍茲堡（Walzburg），南方福森（Füssen）就是新天鵝堡所在地。

七、臺灣公路

臺灣的公路，至少依據經建會（國發會）有史以來的紀錄；截至民國103年為止，公路總長度都只有2萬公里，較之全世界，算是相當落後，每平方公里0.5公里的公路，僅僅比土耳其的單位面積公里數（密度）0.45略強；甚至是不如印度的0.66，和美國這種大國比，也相近，比荷蘭、比利時，落後五倍以上，或許有人問，臺灣多山，那麼與瑞士多山相比，也仍有數倍落差，如果再以每人每享有的公路長度

比，我們甚至落後於非洲許多國家，交通部官員還沾沾自喜認為我們公路已經發達飽和，民眾自己也以環保優先，所有築路案，早年新中橫，近年蘇花高乃至於環島公路臺26號都備受阻力！所謂每人享有公路里程，沒有任何國家單位或交通管理者在使用，但是它代表一個國家的人車密度，每人的公路里程少，意味著同一路段的交通量大，我們的高速公路危險機率很高，從來不能全程用正常的安全距離（時速100公里／時，保持100公尺車間距離）來開車？如此冒著高危險上路難道不是交通單位沒認真檢討，人命真的抵不過環保？

　　從聯合國2007年資料得知臺灣公路有31000公里，維基百科的臺灣公路總長40262公里，足足增加一倍，公路密度自然也增加一倍，單位面積公里數接近1.0，明顯得比許多國家好，但是和日本、瑞士等國家相較，依然有相當落差，行文自此，不是要告訴大家我們的公路有多麼落後，只是要提醒國人，我們還有相當的進步空間，不要動不動以環境或者社福、關懷弱勢等理由來抗爭、阻礙進步！

八、環球公路

　　最後，以環球公路系統來作總結，所謂環球公路系統是一種理想，只要在西班牙和北非之間築橋，在俄羅斯堪察加和阿拉斯加之間（也就是白令海峽）築橋，就可以連接歐非兩洲和亞美兩洲，世界公路系統於是完成。西班牙塔法理（Tafari）到對岸北非直線距離不到20公里，比起今日現存的橋還要近，跨越白令海峽的距離則在80公里，是遠了一點，但冬季結冰也是一種工程上的優勢，理論上，工程技術都可以克服，只是後天人為，特別是政治因素的阻礙更大。直布羅陀海峽一直是北非的非法移民進入歐洲的捷徑，目前已經讓歐盟當局頭痛，更別說是築橋！白令海峽在冷戰時期是一級戰區，即便今日美俄關係稍微解凍，並不表示可以好到築橋。所謂環球公路系統是將來有一天世界和平，技術也不再是問題，當然，有無需求也是考慮的要因。

表7.1　各國公路里程與密度

國家	公　路 總里程	面積 （km2）	每方公里 公路里程	人口 （萬人）	人均公 路公里
臺灣	41475	36000	0.555555556	2300	8.695652
荷蘭	139295	41000	2.481780488	1623	62.69439
比利時	154012	30519	4.84976572	1039	142.4543
瑞士	71454	41285	1.694126196	736	95.02989
希臘	116960	131957	0.290337004	1102	34.76588
匈牙利	160000	93030	1.719875309	1012	158.1028
葡萄牙	60000	92082	0.651593145	999	60.06006
奧地利	100000	84000	1.19047619	814	122.8501
德國	219544	357030	0.614917514	8253	26.60172
法國	980000	551600	1.776649746	5990	163.606
日本	1,177,278	360000	3.270216667	12,746	92.36451
韓國	86990	99091	0.878	4,904	17.73858
泰國	180053	518000	0.07	5842	6.206
印度	4865000	3290000	0.66 (0.325)	94298	11.339
美國	6,423,644	9363123	0.686057846	290810	22.0888
加拿大	880000	9976185	0.088210072	3136	280.6122
巴西	1751868	8511965	0.193844782	18400	89.67391
南非	230000	1221042	0.188363709	4690	49.04051
馬達加斯加	49837	587000	0.084	1520	32.78 (3.2)
澳洲	810,000	7700000	0.032	1810	136.88
紐西蘭	94000	267800	0.351008215	437	215.103
土耳其	426906	774815	0.455196402	7125	49.50077
俄羅斯	1396000	17075400	0.031825609	14416	37.69666
中國	4460000	9600000	0.032708333	128000	2.453125
馬來西亞	144403				
越南	206633				

資料來源：聯合國2007資料統計

第八章
交通導論㈡船

文化資源中與觀光的關係最大者，莫過於交通工具。除了前述的鐵公路，船在第二次世界大戰以前，幾乎是最重要的跨洋交通方式，從中國到歐洲，三、四個星期的旅程是常有的，今日這樣的航程，除了商用、軍用之外，反而不見郵輪航線，如果想要搭船環遊世界，必需分段完成。

即便在第二次世界大戰之後，在華航成立之前，許多留學生也都是搭船遠渡重洋跨過太平洋才能抵達美國留學，今日如此長程的航海路線已不復存在。

本章主要介紹的郵輪分為國際大洋航線和內河航線。大洋航線又分為歐洲的地中海、北海航線、美洲的北美航線和跨中南美航線、亞洲的日本航線和東南亞航線以及近年的兩岸臺海航線，主要郵輪公司及其經營特性介紹。至於內河航運則分為歐洲的萊因河、多瑙河和窩瓦河。亞洲的長江三峽、瀾滄江、伊洛瓦底江，非洲的尼羅河和南美洲的亞馬遜河。

第一節　國際大洋郵輪航線

一般歐洲有地中海航線和北歐航線。地中海航線又分為東地中海和西地中海航線，大致上以義大利半島為界。

一、東地中海航線

包含亞得里亞海、愛情海和黑海。通常起點在義大利的威尼斯和巴里（Bari），這就是為什麼你在威尼斯大運河常常有機會看到巨大的郵輪通過的原因！威尼斯的水都名氣不需多加介紹，名聲響亮，夏季到了傍晚五點依然人聲鼎沸，遊人如織，冬季則有藝術季和面具節等文化活動，所以不至於冷場！至於巴里（Bari）或許一般人沒有太熟悉，其實巴里自古就是溝通義大利和地中海的重要橋梁，其古城由

一道13世紀的城牆所包圍，城牆外，濱海大道環繞，漁港舟楫擺盪。目前如果你擁有全歐洲的鐵道通行券（Erou-pass），是可以選擇一日免費通行於Bari南邊的Brindisi港到希臘的Patras港。亞得里亞海東岸則有斯洛維尼亞（Slonvinia）、克羅埃西亞（Croatia）、黑山國（Montnegro）、阿爾巴尼亞（Albania）和希臘等國，不過國際郵輪幾乎只停靠克國和希臘兩個國家。克羅埃西亞的斯普利特（Split）有著羅馬名君戴克里先（Diacletion）退休前為自己打造的皇宮，經過千百年歷史的錘鍊仍屹立不搖，是古蹟再利用的典型！杜布洛尼克（Duburovnik）則有「亞得里亞海之珠」的美稱，該古城坐落在石灰岩脊上，從高處俯瞰，墩美高大的米白色城牆包圍著斑駁紅色磚瓦。

郵輪離開克羅埃西亞，也就是離開亞得里亞海，航向希臘的愛琴海，「愛琴海」，光聽其名，就使人產生無限浪漫的聯想。首站停靠聖多里尼（santorini）島，這是一個古老的火山島，傳說中的亞特蘭提斯文化在島南邊Akrotiri可以尋得遺蹟，整座島呈新月形，外加月弧上的離島，就是完整的火山口，一如澎湖主島加上漁翁島，只是聖多里尼的海拔高度比澎湖高出許多，約有300公尺，白色洞穴式傳統民居被改裝為旅館，你可以泡在泳池中眺望海景。當然郵輪只停在山下的碼頭，欲上山賞景者可以搭纜車、走路或騎驢上山。希臘的羅德島與克里特島也是重要的古文明所在地。船離開希臘，繼續往小亞細亞半島行駛，通常會停在土耳其的庫夏達熙（Kusadas），結束七天東地中海的遊線，如果你參加的是超過十天的行程，有可能續行伊斯坦堡到達黑海的雅爾達！

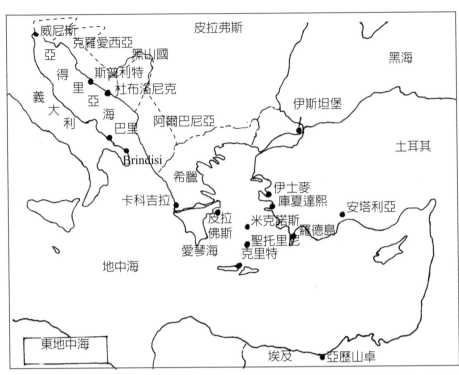

圖8.1　東地中海航線（參考來源：READER'S DIGEST "ATLAS OF THE WORLD" 1987年版。）

二、西地中海航線

　　一般的起點在義大利的熱內亞或羅馬奇維塔奇基亞，航向法國馬賽港、西班牙巴塞隆納，繼續往大西洋的加那利群島或北非的摩洛哥或突尼西亞。加那利是火山群島，地形外觀有點像釣魚台，高聳而狹小的島，找不到寬廣的平原，最大島還有3000公尺的高峯！北非的突尼斯則可以參訪羅馬古蹟，例如競技場。其實摩洛哥和突尼西亞也是拜訪撒哈拉沙漠最佳途徑，只是郵輪之旅時間不夠充足。

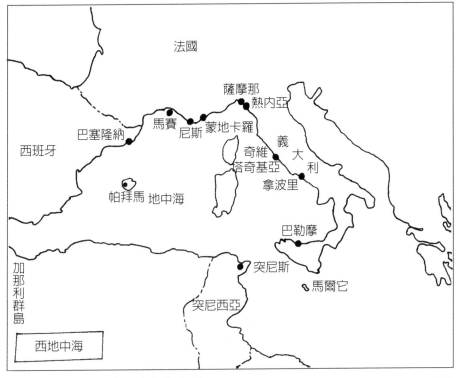

圖8.2　西地中海航線（參考來源：READER'S DIGEST "ATLAS OF THE
　　　　WORLD" 1987年版。）

三、北歐行程

　　最精采的莫過於沿挪威大西洋一直到靠近北極海的Kirkeus。過
了卑爾根，郵輪轉向東駛入世界上最深入內陸的松恩峽灣（songne
fjord），在灣頭的觀光城鎮法蘭（Flam），此地也是世上最陡無齒軌
火車flamshana的終點，因此觀光業發達。

　　另一種航程的郵輪往東的波羅的海，經過北歐最重要的城市，
也是北歐各國的首都，例如挪威首都奧斯陸，丹麥首都哥本哈根，瑞
典斯德哥爾摩和芬蘭首都赫爾辛基，愛沙尼亞首都塔林，塔林古城即
被列入世界文化遺產，哥本哈根的美人魚也都離市區不遠，因此非常

適合下船做半日遊程的安排。最深入芬蘭灣則有聖彼得堡，只是北歐國家都在申根範圍，免簽證，俄羅斯聖彼得堡固然精采，對臺灣人來說，簽證比較麻煩，並且需要時間和大筆金錢的花費，近年來俄國為了發展觀光，提供芬蘭和愛沙尼亞的特定旅行社三天免簽證，遊客只需參加指定的旅行團，就可以到聖彼得堡和莫斯科三日遊，不需要花費大筆金錢及大費周章的辦理俄簽。

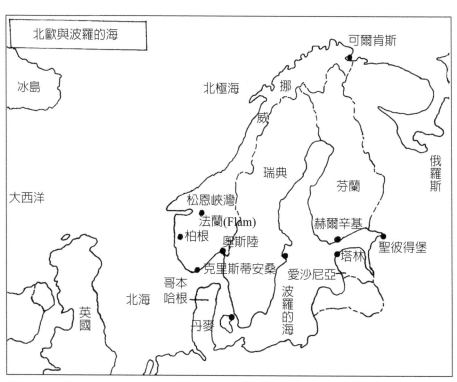

圖8.3　北歐航線（參考來源：READER'S DIGEST "ATLAS OF THE WORLD" 1987年版。）

四、阿拉斯加遊程

　　一般有從加拿大溫哥華和美國西雅圖出發，終點在阿拉斯加首府安克拉治，維持七天，途經夕卡（sitka）為俄國殖民的城鎮，冰河灣

史凱契瓦（Skagway），哈伯冰河，是最適合欣賞冰河的一條郵輪航線。

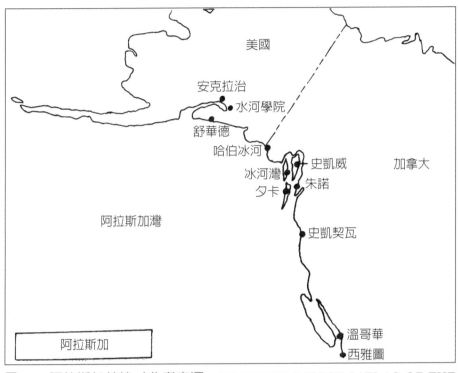

圖8.4　阿拉斯加航線（參考來源：READER'S DIGEST "ATLAS OF THE WORLD" 1987年版。）

五、中南美洲航線

　　北美除了阿拉斯加屬於高緯度冰河景觀航線之外，美墨和加勒比海是典型的熱帶風情，由美西洛杉磯經聖地牙哥，再到墨西哥加州半島的恩欣納達，卡伯聖盧卡斯，綿延數公里的白色沙灘是頂尖的渡假聖地。

　　至於美東則以佛羅里達為基地，邁阿密原就是美國銀髮族的避寒聖地，發展郵輪事業順理成章。近年Disney有自己的郵輪，標榜適合

年輕族群的嘉年華，主要往加勒比海群島從事4－5天優閒假期。

　　另外有超過兩星期的遊程，包括經過巴拿馬運河的智利行程，以及不過巴拿馬的巴西和阿根廷行程，路程遠，費用在優惠期至少要2000美元，不包括臺灣至歐洲、美國的行程（含北歐和阿拉斯加），只要1000美元！當然還有南極洲的行程，通常由阿根廷火地島首府烏蘇艾亞出發，經福克蘭群島並登陸超過十天，費用甚至上萬美元！

圖8.5　南美洲航線（參考來源：READER'S DIGEST "ATLAS OF THE WORLD" 1987年版。）

六、亞洲航線

　　亞洲航線向來日本自己的幾個大島之間有飛鳥號，臺日的琉球──基隆航線也一直由麗星郵輪所經營，香港、新加坡也是東南亞航

線的大本營。近年麗星郵輪併購了Norwegian 11艘郵輪，加上兩岸三通，增加了臺中、臺南、高雄與廈門、香港、海南島三亞和越南下龍灣的大城市可以直接搭航，南部的朋友不需再舟車往返於基隆港也能體驗郵輪之旅！

　　日本是海運發達的島國，除了有往來鄰近國家，例如中國、韓國、臺灣和俄羅斯的定期航線和郵輪之外，本州的東京、名古屋、新潟等城市，有通往北海道和九州的渡輪，在船上有電影院、餐廳、遊戲場、商店，甚至還可以看著大海泡澡，設備很齊全，重點是價錢不貴，以新潟到北海道小樽為例，一人8000日幣（經濟艙）。

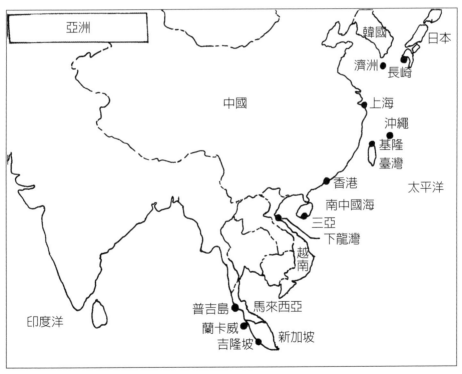

圖8.6　亞洲航線（參考來源：READER'S DIGEST "ATLAS OF THE WORLD " 1987年版。）

七、大洋洲航線

主要指的是往返於澳洲東部的雪梨、墨爾本以及紐西蘭南北島的奧克蘭、基督城等，大約一星期行程，也有超過兩星期的可以到斐濟、大溪地甚至夏威夷！

有些郵輪公司除了上述固定航線以外，會設計出環球的行程，幾個航線是必經的，例如麻六甲、蘇伊士和巴拿馬運河。但是有些地方是分歧的，從美西來的船經日本、臺灣後，在香港爲會合點，有往南美走的，有往西來到香港，之後一律往東南亞麻六甲、印度、阿拉伯、蘇伊士，出了直布羅陀又分歧，部分走向北歐、冰島、北美，另一線直接跨大西洋到加勒比海或巴西。

想一想這些郵輪所走的路線可比五百年前地理大發現時代，只是船隻大小、舒適的程度和安全性都不能同日而語！

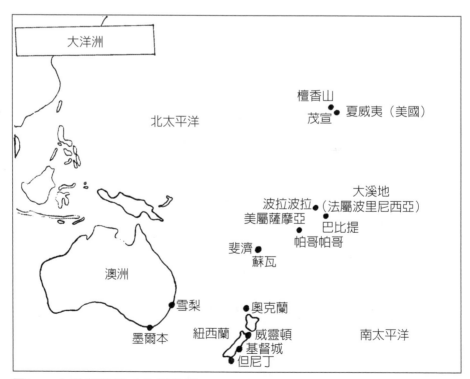

圖8.7　大洋洲航線（參考來源：READER'S DIGEST "ATLAS OF THE WORLD" 1987年版。）

第二節　郵輪公司

世上的郵輪公司主要有12家，有時候公司有他們主打的客群，以作為市場區隔。

1.皇家加勒比，1969年由4家挪威籍公司成立，1989年再設立精緻郵輪，2007年又有Azamara Cruises，共有21艘郵輪。

2.嘉年華郵輪，總部設於邁阿密，1972年成立，2002年收購鐵行和公主郵輪，成為全球規模最大的郵輪軍團。旗下包括歌詩達（Costa）、荷美（Holland American）、公主（Princess）、阿伊達（Aida）、皇后（Cunard）等11家子公司。公主郵輪就是早年影集《愛之船》的拍攝背景，成立於1965年。荷美公司成於1873年，是原名荷蘭美洲蒸氣輪船公司Nasu，算最老牌的船公司，1989年併入嘉年華，其航線會涵蓋五大洲，有北歐、地中海、阿拉斯加、夏威夷、巴拿馬、南美、亞洲和太平洋，亦有環球的行程。

3.麗星郵輪，1994-1995年由華人林梧桐設立，2000年併購挪威郵輪，已成為全球第三大郵輪集團公司，包括挪威郵輪11艘，麗星7艘共22艘。麗星郵輪1997年首次抵臺，當年的亞洲郵輪市場幾乎是真空狀態，有人擔心去哪裡找上千的乘客？沒有想到其市場的拓展，已經到了半年前需要作預約的狀況！

4.地中海郵輪（MSC），1995年成立於義大利拿坡里，2003年有抒情號（MSC Lirica），隔年加入歌劇號（Opera），如今有音樂號、幻想號……一共12艘。和一般郵輪公司不同的是，一般公司小孩指的是12歲以下的兒童，而MSC可以在兩大人攜帶下允許18歲以下的青少年，享家人優惠（幾乎只需稅和手續費），就可以和父母分享同一艙房和美食，所以非常適合親子家庭共遊！

5.銀海郵輪，顧名思義，鎖定高齡或至少是頂級客層，首創「全包制」，平均一天花費700美元！包含高級餐飲、活動、陸上行程甚

至小費。並推出「個人化行程」，均可以在網路選擇啓程和結束的地點。

第三節　內河郵輪

內河郵輪限於船體與吃水，自然無法與大洋郵輪動輒數萬噸，有大游泳池相提並論，但豪華者仍有，費用也不下於大洋郵輪。各大洲知名的，亞洲有長江三峽、湄公河，歐洲有多瑙河、萊因河和窩瓦河，非洲則以尼羅河爲最，美洲的亞馬遜也有知名航程。不同於大洋郵輪，除了少數靠岸和小島，幾乎放眼汪洋，內河航運全程在陸地中，風景目不暇給！

一、長江三峽

由重慶至湖北宜昌，奉節附近有鬼城酆都、石寶寨則有石魚，這些景點在長江三峽大壩完工蓄水後，已進入水中。瞿塘峽是三峽之始，比較短，8公里，卻是三峽之最，最狹窄，兩岸山最高，李白詩中的「朝辭白帝彩雲間」，指的就是瞿塘峽。巫峽全長45公里，是三峽中最精采的行程，有巫山十二峰，還有層巒疊嶂的峽谷。西陵峽長76公里，是三峽中最長的一段，自古沉船無數，有牛肝馬胖峽、兵書寶劍峽等。三峽大壩完工後，可望讓這些危險峽谷灘地河道都將消除。

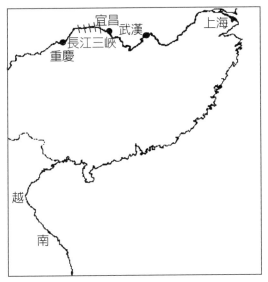

圖8.8　長江三峽航線（參考來源：READER'S DIGEST "ATLAS OF THE WORLD" 1987年版。）

二、湄公河

　　即發源於中國青藏高原的瀾滄江，進入中南半島後坡度緩降，富水運價值，全長4180公里，是亞洲中除中國和西伯利亞之外最長的河。龍坡邦在寮國境內的湄公河畔港口，也是寮國第二大城，這附近有石灰華階地和瀑布，是該國重要的觀光據點。永珍是寮國首都，自龍坡邦至永珍全程445公里，需時8-9小時快船，慢船要三天。

　　金邊是柬埔寨的首都，位於湄公河下游巴塞河、洞里薩河的匯流處，順著洞里薩河上溯可抵達暹粒，這也是15世紀前吳哥王朝的首都，柬國最著名的觀光勝地——吳哥窟即位在此城市。由洞里薩湖至市區約15公里，吳哥窟則在市區北面5公里，當然要逛完大小吳哥，範圍行走距離越過80公里，一天是看不完的，真的很趕時間，上午在吳哥窟，下午到大吳哥城的巴揚寺，菁華部分可以走完，只是你需提前一天到訪！

胡志明市位於湄公河三角洲，曾經是美越戰爭以前的首都，舊名稱為西貢，目前仍然是越南最大的城市。

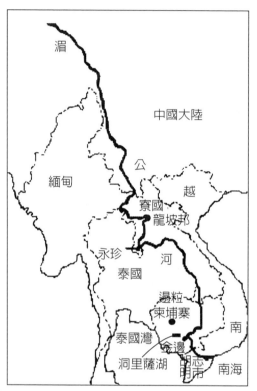

圖8.9　湄公河航線（參考來源：READER'S DIGEST "ATLAS OF THE WORLD" 1987年版。）

三、歐洲部分

　　著名的內河很多，主要介紹萊因河、多瑙河和伏爾加河。

　　萊因河，全長只有1320公里，不算長河，卻因為經過西歐的精華區，所以不論景點或運輸量都是歐洲之冠！上游發源於瑞士安特馬特（Antemart），途經列士登斯敦，這段河道大致平坦，只是兩側高山可達3000公尺以上！中游直到瑞士大城巴塞爾（Basel），有著萊因

瀑布等急湍，不利航行！下游的法國史特拉斯堡一直到德國柯布林茲
（Koblens），雖然有眾多古堡（貓堡、鼠堡等）可以航行，但是險
峻，例如羅雷萊之岩。值得注意的是在第二次世界大戰之後，除了柯
隆的大橋有被修復外，德法間缺乏橋梁，兩岸往來仍然靠渡輪運送！

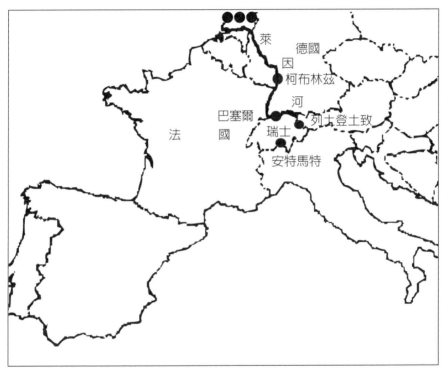

圖8.10　萊因河航線（參考來源：READER'S DIGEST "ATLAS OF THE
WORLD" 1987年版。）

四、多瑙河

　　號稱除了歐俄之外，歐洲最長的河流，全長2888 公里，發源於德
國南部黑森林，帕紹（Passau）經由瓦豪河谷至維也納，經常有定期
航程，河岸平緩，也非常適合自行車旅行。過了維也納，進入斯洛伐
克首都布拉提斯拉瓦，再到匈牙利的維榭葛拉德和森檀德，可以抵達

首都布達佩斯。雖說是奧匈帝國，奧在前，匈在後，但是經過第二次世界大戰摧毀，維也納的古蹟不多，相對地，布達佩斯可以說是多瑙河沿岸最璀璨的明珠，不論是漁夫堡、國會大廈、鍊子橋或瑪格利特島，布達佩斯值得再三品味！繼續往下游，穿過鐵門峽，進入舊南斯拉夫，最後在羅馬尼亞進入黑海，郵輪全程九天，耗時耗錢，如果受限時間金錢，不妨挑某一段做航行體驗。

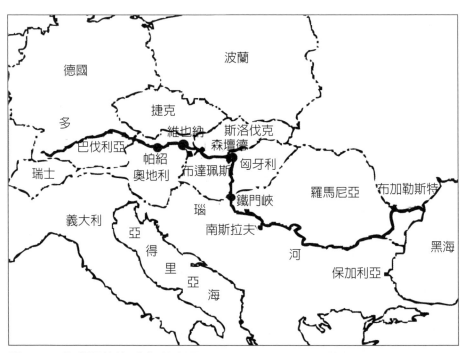

圖8.11　多瑙河航線（參考來源：READER'S DIGEST "ATLAS OF THE WORLD" 1987年版。）

五、伏爾加河（Volga）

又稱為窩瓦河，全長3690公里，是歐洲第一長河，也是「俄羅斯的母親河」，發源在莫斯科西北方，在阿斯特拉罕市注入裡海。莫斯科為俄羅斯首都，著名的克里姆林宮、紅場和聖瓦舍爾（St. Basil）教

堂是俄國最具象徵性的地標。莫斯科河銜接窩瓦河，至中亞大城喀山
需時三天，一直到阿斯特拉罕都有定期航班和渡輪，全程需時九天。

圖8.12　伏爾加河航線（參考來源：READER'S DIGEST "ATLAS OF THE
WORLD" 1987年版。）

六、其他

　　除了這三條大河，其餘像法國羅亞爾河是古堡集中區，塞納河則
是流經花都巴黎，中歐的易北河和上游伏爾塔瓦河畔有捷克著名庫倫
姆洛（Krumlov）和布拉格查理大橋都是世界文化遺產中最具吸引力的
景點之一。

七、尼羅河

非洲部分以尼羅河最著名，也只有尼羅河的航行在觀光郵輪名單出現！尼羅河是全球最長的河，6695公里，不過主要航程在阿斯旺（Aswan）水壩以下，一般可以選擇火車搭至阿斯旺，再搭船至開羅或來回皆搭船。阿斯旺的蘇克大街是縮影，位置緊鄰其車站，而阿布辛貝神殿則以獅身人面雕像最為聞名！路克索和帝王谷則位於阿斯旺和開羅之間，以神殿著稱，與開羅隔著尼羅河的對岸，是重要的金字塔區，尤其是吉薩金字塔區為最高！

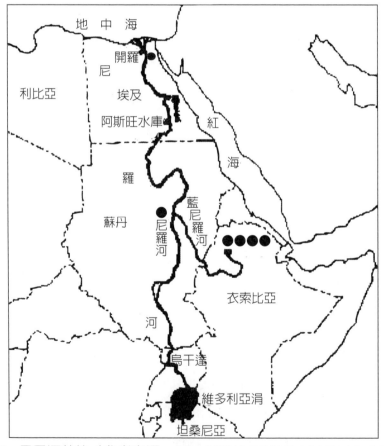

圖8.13　尼羅河航線（參考來源：READER'S DIGEST "ATLAS OF THE WORLD" 1987年版。）

八、亞馬遜河

　　北美的加拿大和美國，例如聖羅倫斯河和密西西比河都是通航的，只是這些地區人口稠密、工業發達，反而不列入一般旅遊書的介紹。就像以下要介紹的南美大河——亞馬遜河，郵輪並不在下游瑪瑙斯至河口，反而是自祕魯的普卡爾帕至伊基多。一般人想到亞馬遜就以為是在巴西，但郵輪是以上游巴西為主，部分旅行社甚至安排遊庫斯科（馬丘比丘）和的喀喀湖，然後再飛行到普卡爾帕作為期七天的行程，郵輪至伊基多為止，這種郵輪既不豪華也不巨大，但體驗亞馬遜叢林之旅所費不貲，年輕背包客恐怕消費不起。亞馬遜河長6437公里，為全球第二大（長）河，但山高水深的路段不及1000公里，超過5000公里皆適合航行。

　　本章始於國際豪華大洋郵輪，其次介紹世上重要的郵輪公司，最後則以內河航運結尾，大致得以了解世上重要的航船與觀光的關係。世界之大，船隻之多，不及備載，像海岸間（英吉利、日本海……）和河岸間的渡輪（Ferry）也會被觀光客使用，越南下龍灣被列入世界遺產，岸邊有數十艘觀光船，麗星郵輪也有從香港經三亞至下龍灣五天的行程，只本書受限篇幅，僅以重要性和知名度舉例說明。

第九章
非物質文化㈠藝術地理

以下非物質文化分別介紹藝術、教育、宗教和時間文化。

藝術地理指的是文學、美術、音樂、舞蹈等藝術活動的地理，包括景觀、環境、空間傳播和區域特性等。以景觀而言，音樂景觀是指音樂具有畫面，聆聽標題音樂常常可以想像音樂中的情境，例如貝多芬的〈田園交響曲〉，孟德爾頌的〈船歌〉。所謂藝術與環境的關係，例如中國南北畫派的不同，與中國南北的自然環境有關。又地方樂器與環境也有密切關係，例如華南與中南半島有許多竹製的樂器，像是巴烏與竹笙。以空間分布與傳播為例，東南亞的音樂與舞蹈，同時受到中國與印度之影響。

第一節　文學地理

出身中國東北的一位作家叫梅濟民，寫了許多關於家鄉的散文集，像《北大荒》、《長白山夜話》等。從他寫的篇名：〈森林人家〉、〈長白山夜話〉、〈鵰與貂〉等可以看出幾乎都是寫和大自然與當地人生活的描述。〈長白山夜話〉描述當地人對東北虎之敬畏。至於〈森林人家〉當然是寫往來窩集的鄂倫春人生活在森林當中，文中描述他們是住在森林裡的小木屋，客人來了，推開木門，眼前出現的是木茶几、木椅子、招待客人用的木杯子、木碗、木湯瓢，連主人都很木訥。

在整部書裡面，見不到「羨慕、嫉妒、仇恨」等字眼，因為大家生活的條件是一致的，人與人住的距離很遠，心卻是靠在一起。後來梅濟民又再度出版了一本小說，名為《東京之戀》，書裡寫的三角戀愛、愛恨情仇、羨慕、嫉妒等用詞，是書裡面經常出現的字眼，和前期的作品判若兩人。因為那是後來作者來到日本東京求學，所處的環境不同，寫出來的東西迥異，這就是所謂的文學地理，環境影響作者的創作。

另一位風格顯著的例子是詩仙李白，他的詩句出現許多唐代詩人所沒有的元素，「抽刀斷水水更流」、「拔劍四顧心茫然」，這和他小時後的生長背景有關。李白是的混血兒，父親是漢人，母親則是吉爾吉斯人。童年他在當時的安西生長，時常和舅舅們玩刀玩劍，刀劍是當地男子必要的配備，因此這些東西伴隨他童年的生活，日後寫詩，情景交融之際會自然的加入這些元素，不像其他的詩人，從小書香門第，玩弄刀槍是不合宜的。

> 抽刀斷水水更流，舉杯消愁愁更愁。

> 金樽清酒斗十千，玉盤珍羞值萬錢，
> 停杯投著不能食，拔劍四顧心茫然。

金庸小說叫好又叫座，除了江湖武功、愛情纏綿等膾炙人口的戲碼之外，金庸寫景的功夫也是一流。中原乃兵家必爭之地，述及的文字自不在話下，江南寫景，塞外、西南到東北，都有他的著墨，甚至有人帶著金庸小說去中國旅行，他所描述的景致，大半不是憑空捏造，可見金庸一如司馬太史公，足跡遍布大江南北。

> 君到姑蘇見，人家盡枕河。古宮閒地少，水巷小橋多。
> 夜市買菱藕，春船載綺羅。遙知明月夜，鄉思在漁歌。

又如鹽分地帶係指南縣沿海六個鄉鎮，早年在吳新榮醫師號召下，以佳里為文學發展中心，詩人作家輩出，而有鹽分地帶文學之稱。由於鹽分地帶文學創作都帶有相當濃厚的本土的、土地的色彩，重點多著重在鹽村情景生活的描述，常見代表作家如蔡素芬長篇小說《鹽田兒女》，書中內容描寫的不只是一個西南沿海鄉鎮的故事，也

是詮釋整個臺灣戰後以來社會變遷的縮影，字裡行間流動著以感情為訴求，不僅寫男女愛情，也寫親情、鹽田庶民生活形態。

　　以上敘述的東北文學、唐詩、金庸小說和鹽分地帶的文學作品，都是文學地理的例子。

第二節　美術地理

　　繪畫所作得，寫景寫意，經常也受到環境影響。中國畫派大致分南北兩派，北方以潑墨山水聞名，南方則是以工筆畫著稱。試想華北地區的山，華山、五台山、恆山、太行山等，皆為地形學所稱「斷塊山地」，山勢巍峨壯闊。以太行山為例，雖然海拔平均只有1000多公尺，然而陡起於黃淮平原，大有泰山之勢。「娘子關」正是太行山的隘口，所謂「一夫當關，萬夫莫敵」的最佳寫照，而全長1000公里更是三倍的中央山脈。如此波瀾壯闊的山景，如果在細細調色、描繪則完全畫不出山的氣魄，惟有潑墨一途可以表達。而南方的山水以秀麗聞明，武夷山、紫京山、桂林山水等，山勢低頹，多花崗岩配上多層次的綠，色彩繽紛，山形多彎而細膩，適合調色，細細模擬與品味。引申出花鳥畫、畫蘭、畫梅都非常細緻，像齊白石的馬，水中的游魚、蝦蟹，少不了他們的觸鬚！而西方的印象畫派多半是畫家來到地中海這種氣候，才得以展現光影變化之好。像梵谷雖然生於荷蘭，可是燦爛奪目的〈向日葵〉也是在地中海氣候的南法「阿爾」畫的，西歐多變時陰雨的天氣，不容易找到這些穩定的陽光！

第三節　舞蹈地理

　　舞蹈和地理好像很難扯上關係，但是研究地方傳統舞蹈，它都有蛛絲馬跡可循。俄羅斯氣候嚴寒，他們有一種代表舞蹈——踢腿舞。

這種舞跳的時候，雙手在胸前交叉環抱，雙腿則不斷地踢直並縮回，如此反覆地跳，非常耗力耗能！在東南亞，泰國與印尼，我們看到另一種舞蹈，音樂是甘美朗，由慢拍到行板，蟹行、聳肩、瞪眼、其舞蹈動作以手部爲主，動作緩慢移動，腳則幾乎不動或者維持一個動作很久，中國雲南孔雀舞也相似！今日在空調之下，西伯利亞可以表演孔雀舞，赤道可以欣賞到踢腿舞。但是傳統舞蹈歷史上沒有空調的環境，踢腿舞如此耗能，在赤道有可能會跳到中暑；或者，在冰天雪地的北亞跳孔雀舞，舞者的食指加拇指（孔雀的嘴）有可能因爲天寒地凍加上指間水氣而凍結，進而動彈不得！

第四節　音樂地理

我們這裡所說的「音樂地理」和音樂界正統名詞「民族音樂學」（Ethnomusicology）或者有人稱之爲世界音樂（world music）有部分共通之處，例如我們要處理的是西方的、古典的和交響樂以外的東西，包含中國、中東、印度、非洲和中南美洲等。所謂的「民族音樂學」是指人類生活的音樂，除了西洋古典樂和現代音樂之外，主要以各國或各民族的傳統或民間音樂爲主要對象；藉由資料收集和田野調查將之綜合分析。世界音樂則相當於我們說的音樂區，但是以下討論的音樂地理強調的又有所不同，我們所謂的音樂地理包括有音樂景觀、音樂環境、音樂傳播和音樂區等。

一、音樂景觀

我們都聽過標題音樂，貝多芬〈田園交響曲〉聽起來一派田園景觀，偶爾還有黃鸝、鳥雀的叫聲。史特勞斯〈維也納森林〉彷彿馬車緩緩在森林中行進！美國和臺灣也有許多刻畫國家公園的交響詩！這些都是閉上眼就可以看得到的風景的音樂作品，其中威尼斯〈船歌〉

也算一絕。許多作曲家，特別是東歐與俄羅斯的作曲家，非常嚮往地中海的陽光，紛紛來到義大利威尼斯，因為威尼斯是個潟湖環境，地中海的潮差不大，因此不會有波濤洶湧，水面漣漪與槳朵拉搖擺緩緩而行。不論是柴可夫斯基、蕭邦、德布希和孟德爾頌，他們的〈船歌〉都是慢板或行板，都用鋼琴來表現波浪漣漪。

音樂景觀有一點類似具象音樂（musique concrete）或者音象，這是法國作曲家梅湘（Oliver Messiaen）所提出，梅湘作品〈鳥誌〉是經由野外記錄，然後再轉化成音樂作品的！

二、音樂與環境

音樂的調性、風格或樂器都與環境息息相關。以調性而言，日本和臺灣都以小調居多，臺灣早年的原住民（平埔族）等所作的歌謠，例如平埔族的西拉雅〈我在山中小路邊遇見一隻小鳥〉、農村曲〈青蚵仔嫂〉等，都是標準的臺灣調。甚至以Am和C的和弦交替，可以唱完所有的山地歌、高山青、梨山情歌、霧社情歌、涼山情歌等。最近臺灣流行音樂伍佰和新寶島康樂隊的音樂也非常的「台」！再說到樂器，大部分會就地取材，中國或東南亞因為竹子很多，由竹子製作的樂器也不少，梆笛、蕭、竹磬乃至於禱到（一種竹製的樂器）。

三、音樂傳播

地理學講空間擴散，音樂一如文化，會隨著空間傳播。中華文化博大精深，因此中國的古琴、古箏傳到東北亞的日本與韓國，都可見到古琴這一種樂器。東南亞受到中國與印度之文明影響，東南亞的印尼有許多神廟雕刻近似印度，其音樂則有中式與印式之交流。在歐洲的希臘，位處義大利與土耳其之間，他的音樂多使用吉他和曼陀鈴，與義大利相似，但曲調有時出現中東的不平均律的風格，又與義大利不同，顯然有受到土耳其之影響。

四、音樂區

有人說音樂區如同文化區，因此一個區域有一個區域的特色音樂，愛爾蘭多敘事詩（ballard）、法國有香頌（Chanson）、葡萄牙有華多（Fado）、西班牙有佛朗明哥（Flamingo），到了南美受拉丁文化與非洲的影響，有許多快節奏的舞曲，森巴、探戈等，來到安地斯山區的巴拉圭，又是另一種排簫的音樂風情！這種與眾不同的風格在19世紀歐洲的古典音樂也出現了國民樂派，以挪威葛利格（Grieg）為例，他寫的〈皮爾金組曲〉，第一首膾炙人口的早晨，顯然表達他家鄉的特色——峽灣，當定音鼓猛然敲打時，代表著維京海盜船由峽灣轉向大洋，所有這些地域的特色音樂，是研究音樂區的主角。

第十章

非物質文化㈡教育與宗教

除了物質文化，人更重要的社會文化與精神文化是來自於教育，以下將介紹歐美日等國家的教育制度，最後再以我國作總結。這一類的文化除了食衣住行和其他動物相似，餓了會吃，冷了就穿，有別於動物：

第一節　各國教育

一、英國教育

英國的教育事業被視爲是中央與地方的合作事業，一個學生大約可以獲得1800英鎊／年的經費補助，執行經費者是校長以及董事會。和我國很不一樣的是他們每年有三個學期，以復活節、暑假和聖誕節分割，分別有3、6和3週的假期。他們的學制也不是我們熟悉的6-3-3制，而是小學4-11歲；中學11-16歲，16-18歲擴充教育（大學預科）和18歲以上的高等教育。

一般人完成16年國教即可就業，但是有人選擇大學預科或技術學院。其教育特色是：1.教育制度分歧，英格蘭和威爾斯不同於蘇格蘭和愛爾蘭。2.階級意識，勞工子女未能充分進入高等教育，改變社會地位的捷徑是婚姻，因此有類似灰姑娘故事中，母親想盡辦法將女兒嫁入豪門，反過來，要像臺灣選出佃農之子、警察之子爲總統的機會也不大。

二、法國教育

法國爲中央集權國家，教育也不例外，中央掌握大多數的指導方針與經費。一般行政體系分三級，大學區的總長是由總統直接派任，通常爲大學教授，第二級爲省區和省，第三級的市鎮（conmeue）學校委員會權力甚少，只負責執行。

法國教育最成功之一是學前教育，3-5歲就學率達99%，這和他的社會發展有密切關係。早在上個世紀初，法國婦女生育意願就有降低的趨勢，於市政府為鼓勵生育而有完善的學前教育制度，這一發展似乎比我們早了一個世紀，到現在我們僅就生育部分做短期補助，且非中央統一補助全額，學前教育6歲以前的公立幼稚園就學率仍低！

法國高中稱為Lycee，分長徑和短徑，長徑又分普中和職中，高二留級率16%，高三12%，截至2011年，在15歲以前有留級者占38%，歐蘭德總統也公開檢討留級的意義與成效！這使我們想到30-40年前的臺灣，因為大學升學窄門，高中留級比例也不低，幾可達三成？！至少在功能上篩除不適合上大學的人。

三、德國教育

為地方教育分權國家，聯邦政府僅形式上制定全國教育目標和原則。各邦教育部長實際運作，為避免各邦參差不齊，1948成立各邦教育部長常設會議。

縣市教育局是最基層，主管基礎教育、主幹教育（職業導向）、實科教育（升大學）和特殊教育。高等教育分三級：1.學士與碩士，2.博士學位，3.教授候選人。

教育特色：1.幼稚教育kindergarden來自德國，2.合作式聯邦教育，3.德東教改（原屬中央集權）。

四、澳洲教育

基本上為地方分權，受英國影響，1980年之後為發展國力，發揮對亞太地區的影響，乃認為應消除州與州之間的落差，由聯邦政府發展全國通用的「國定課程」。

1978年發表《加裡巴里報告（多元文化複合主義）》對抗《白澳政策》。二戰後，大量接受移民，移民國超過100個以上！

1980年代，澳洲相對落後，1.電器與汽車昂貴，2.當時澳洲沒有電話卡，雪梨機場仍使用人力更換木板的行程表！

　　因此進行教改，至1990年代，完成高等教育教改：1.擴大亞洲研究，2.加強科技教育，3.導入受教者付費觀念，大學生需付20%學費。

五、美國教育

　　美國為聯邦國家，因此各州制度不同，大致上分為8-4制（8年小學）、6-6到6-3-3制、5-3-4和4-4-4制、6-2-4制、7-5制。

　　高等教育有綜合大學、文理學院和社區大學。義務教育各州不同，7歲最多，也有6歲、8歲，實際上各州都能提前1-2年。最近有人質疑義務教育？強迫毫無意願學習的孩童上課的新方案，8年義務，剩六年一生中隨時可入學！目前美國小學入學率100%，中學93%，大學45%，占全球45%。

　　美國教育的特色是多樣性、地方分權與充滿動力。

六、日本教育

　　二戰前為中央集權，戰後受美國影響，實施地方分權，不過又有回中央集權得傾向（教委會由普選制改為任命制）。實施單軌6-3-3-4制。學前教育由文部省督導，收3-6歲幼童，1997年，5歲入園率占58%，國立幼稚園占0.3%；公立19.9%，私立79.7%。仍有1/3市町沒有幼稚園。1970年高中教育升學率90%。高等教育分大學院、四年制大學和短大（1997升學率47%）。

七、中華民國教育

　　1.教育宗旨：從民國18年公布中華民國教育宗旨：「中華民國之教育，根據三民主義，以充實人民生活，扶植社會生存、發展國民生計，延續民族生命為目的；務期民族獨立、民權普遍、民生發展，以

促進世界大同。」，並沒有因為民國36年頒布憲法而被廢止！

2.教育制度：實施6-3-3-4制，民國57年實施九年國教，88學年度99.55%完成國小教育；99.18%國中；高中87%（高中20%；五專11%；高職56%）。目前大學或獨立學院137所，升學率67.43%。

教育特色與問題：1.升學主義，2.教育資源分配，3.教育自由化（鬆綁）。

第二節　宗教民俗文化

世界宗教分類主要分為基督教、伊斯蘭教（回教）、佛教、道教以及其他，以下將逐一介紹：

一、基督教

基督教又分為天主教、基督教（新教）、東正教和猶太教。

1.天主教：耶穌會於1534年因宗教改革而生，本篤會的會規規定會士不可婚娶，不可有私財，一切服從長上，稱此為「發三願」。方濟會的會士著灰色會服，故亦稱「灰衣修士」。

2.基督教（新教）：路德教派主張唯讀《聖經》貴格教派主張反暴力、反戰、反奴隸；浸信會主張成人洗禮、反英國國教、反政府干涉地方教會；長老會盛行於過去英國殖民地；衛斯里教派主張聖潔生活、改善社會；真耶穌教派為中國人張彬與魏保羅創於1917年，更正各派對聖經的誤解，認為在五旬節這一天充滿聖靈，並規定只能說方言；摩門教於1890年禁多重婚姻，但仍有多妻制度，又稱末世教會。

3.東正教：教義是聖靈只來自聖父，強調三位一體、敬拜聖母，認為聖母是人類的代言人，聖徒需經神父才能與上帝溝通。受洗時採浸水禮，每年懺悔四次，舉行宗教儀式時，教士頭戴圓頂帽，身著黑袍，胸前掛聖像，手持權杖

唱聖歌時，唱詩班不用風琴伴奏，祈禱時，拇指、食指和中指在胸前自上而下，由右而左畫十字，舉行聖餐時，使用發酵餅。

二、伊斯蘭教

穆罕默德聲稱他在洞穴中默想時遇見了天使長加百列，阿拉眞主派加百列啓示他創造一個宗教，此事稱爲「天啓」，加百列並命令他「你讀！」，「伊斯蘭」(是「順服神的旨意」的意思。《古蘭經》中承認耶穌、亞當、亞伯拉罕、摩西等人與穆罕默德同爲先知，穆罕默德歸眞後，其繼位者稱爲哈里發。

1.蘇菲派：主張神祕主義，追求精神層面，透過冥想接近阿拉。

2.什葉派：伊斯蘭教中，什葉派爲最有影響的支派之一。目前信徒超過1500萬人。

3.遜尼派：自稱正統派，主張哈里發《聖訓實錄》地位僅次於《古蘭經》。

三、佛教

1.中國的天台宗、禪宗與華嚴宗並稱三大密宗，爲大乘之一，不公開傳教

2.藏傳佛教：是大乘，不等於密宗，唐卡、雪頓節、浴佛節是相關文化。

3.日本佛教，飛鳥時代（西元593年）傳入，奈良時代（710，鑑眞753年）逐漸發展。

四、道教

有全眞教、五斗米教、一貫道等教，其中一貫道並不完全是道教，而是融合儒、釋、道、基督和回教五教合一。

五、其他

其他宗教信仰還有泛靈信仰、錫克教、原始宗教、媽祖信仰等。

六、新興宗教

1.奧姆眞理教：是日本一個以佛教和瑜伽爲主的新興宗教教團，也是日本代表性的邪教團體。

2.韓國統一教：主張個性完成、建立理想家庭、主管被造世界。

3.法輪功：以同化宇宙最高特性「眞善忍」爲根本，其法輪圖形由佛家的「卍」字和道家的陰陽太極組成。

表10.1　世界宗教人口

宗教名稱	教徒總人數	世界人口的比例
基督教	2,050,616,000	33.05%
伊斯蘭教	1,239,029,000	19.97%
印度教	836,543,000	13.48%
佛教	367,538,000	5.92%
原始宗教	234,341,000	3.78%
新產生的宗教	104,280,000	1.68%
錫克教	24,124,000	0.39%
猶太教	14,670,000	0.25%

第十一章

非物質文化㈢時間文化與時間管理

第一節　時間文化

　　世界上各個地區與國家對於時間的看法非常不同，像德國和美國，一般而言都比較講求效率，認為時間就是金錢，而義大利和西班牙，在已開發國家當中相對地不強調效率，他們主張「慢活」，吃飯和睡覺都是神聖時間，不容侵擾，或者他們說有效率地生活，快快活；快快死！？至於有許多西班牙和義大利裔的南美洲國家，遲到、誤點兩三小時，那是家常便飯！

　　一般我們認為向前看是展望未來，過去的事在後面，就讓它過去吧！可是在非洲某一部落裡，他們認為過去的事已經發生，我們也看過，所以歷史事實我們看過的，是在前；至於未來的事，沒人知曉，也沒人看過，應該在後面？他們的邏輯也說的通，只是和我們的認知有異！

　　一般研究時間文化者，認為影響時間節奏感的因素有五項，經濟安定、工業化程度、人口規模、氣候和文化價值。首先是經濟因素，經濟越發達、越安定的地方，通常時間價值比較高，時間價值高，就會講求效率，節奏步調也就快。第二，工業化程度，和前者有相關性卻不全然相同，經濟發達不一定都靠工業，但是工業化程度高，人們的空閒時間反而越少，雖然有許多自動化的設備，洗衣機、洗碗機，汽車來代步，但是反而比農業地區的人花更多時間去做空間上的移動！第三，人口規模，都市居民比鄉村居民時間節奏快，大都市也比小城鎮要快，心理學家馬克伯恩斯坦（Marc Berustein）做25個城市的行人步行速度研究，發現人口規模和步行速度呈0.91的高度正相關。第四，氣候，氣候越炎熱，生活步調越慢，雖然南方人講話的速度比較快，但是走路和其他的活動則慢，或許因為太熱更不想動，天氣冷，動反而可以保暖。其實回到效率，天氣熱，說話快，但有些話不經大腦；反而天氣冷，說話慢，話不多，強調冷靜，說話的效率反而

比較高！最後一個影響時間感因素是文化價值，個人主義比集體主義步調快，在巴基斯坦和印度，許多人是共用廚房的，西藏和尼泊爾有時一位妻子由兄弟共享的一妻多夫制，因為共用就需排隊與等待，所以時間節奏比較慢，自己有一部車和搭遊覽車，花在等待的時間自然有異。蘇聯過去實施共產，日常用品有固定的配給點，雖然不用花錢買，卻常常要排長龍領配給，集體社會需要有更多的耐心與等待，效率也比較差！

　　以國家地區的時間節奏做研究，分別以（一）走路速度（二）工作速度（郵政時間）和（三）公共場所的時鐘三個指標分析。瑞士在鐘錶準確性排全球第一，郵政時間第二，步行速度第三，整體表現是全球第一，其次是愛爾蘭、德國和日本，臺灣排在第14名，比第15和16名的新加坡和美國要前面，主要是贏在郵政時間，我們的鐘錶準確性第21名，是相對落後的。

第二節　時間管理

　　工業化程度越高，進入所謂後工業化時代，服務業占產業比重達60%以上。甚至在三級產業中再細分為第三級運通訊和各種通路媒體；第四級的金融保險、銀行和房地產、法律事務所等。第五級則為個人服務業，包括軍公教、理髮和觀光休閒。不論哪一種服務業，時間的管理都是非常重要的！服務業賣的就是服務品質，網拍大公司Amazon就曾經號召客服部門主管開會，來檢測其語音服務或真人答覆的狀況，觀光旅遊業甚至將服務時間的延誤直接列入契約中有一套賠償標準。因此在服務業作業準則中有「等待心理學」，一般認為對服務業的時間管理要有以下觀念：

　　1.認知比現實更重要，所謂「現實」是他等的鐘錶時間，顧客他實際等了10分鐘，但是感覺上是30分鐘，有可能比他實際等了一個小

時（感知卻只有半小時）還要嚴重。

2.未占用的時間感覺比較長，到大醫院看診，一般會話稱「三長兩短」排隊掛號，排隊等看診和排隊領藥，這三種沒有占用的時間感覺特別長，看醫生的時間和醫生的話語句子則是特別短。其中的排隊時間就是未占用時間，看醫生時為占用時間。

3.未被告知或不確定的等候感覺比已知的等候更長，在醫院診所掛號，過去並不知道自己是幾號，於是只能無止境地等，現在通常可以在現場看到目前看診是幾號，你自己又是幾號，用來推測時間，到底要不要去吃飯甚或上廁所！還能在網路得知目前看診號碼，或建議幾點鐘到現場，一如公車告知幾分鐘後抵達，我想這樣的服務品質就會更加提升。現在於觀光風景區或遊樂園都有LED燈告知遊客，以您所排的位置等到入場門口大約需要幾分鐘，讓遊客有心理準備，以便決定到底要不要繼續排下去。

4.不公平的等候感覺更長，大家應該都有一種經驗，就是在餐廳用餐，同樣點了牛肉麵或炒飯，結果隔壁比你晚到的客人竟然比你早拿到餐，哪怕只是再多等一兩分鐘，你都會火冒三丈！2000年，筆者全家在美國佛羅里達的Disney World 排隊進遊樂場，發生了不愉快的經驗，那就是場內有兩條通道，一邊大排長龍，另一邊快速放行，感受到同樣是一張40幾塊美金的票卻有著差別待遇，不只是我們家，連許多來自世界各地的遊客或美國人也都忿忿不平，忍不住上前找工作人員理論。幾年後我才恍然大悟，原來這是Fast pass，如果事前抽到，就可以按約定時間快速通行的預約制度，當年顯然是剛剛推出，知道的人不多。如今預約制度在服務業普遍推廣，不論是餐廳、旅館乃至於按摩業，只要事前預約，都可以享有折扣，歐洲的高鐵，例如西班牙AVE，如果沒有預約，即便有票都不能上車！

一、時間管理

時間管理等於自我管理，一般有關時間管理的書籍告訴我們如何有效率的工作或不浪費時間。例如80／20原則，告訴我們80%的時間花在20%的朋友，檢示一下你的Facebook好友，是否80%的好友是你幾乎一整年不曾有對話的人，如果是，這80%的人是否有重要人物卻被你忽略，反過來，80%時間花在這20%的人是否有酒肉朋友，只是浪費你的時間？我們常常在餐廳的自助餐都只點那20%的菜色或餐點，如此的飲食習慣對你的身體健康好嗎？教育部花了80%的時間去討論免試升學、會考、公布組距……，這樣對國家人才培養有幫助嗎？如果不，是否可以節省一些資源用來提升教育水準？

二、緊急／重要四象限

如果以XY座標分成Ⅰ.緊急且重要，Ⅱ.重要而不急，Ⅲ.緊急但不重要，Ⅳ.不緊急且不重要，Ⅰ和Ⅳ象限沒問題，通常我們都優先處理緊急且重要的事，放棄不緊急且不重要的事，比較值得商檢的是Ⅱ和Ⅲ象限，一般人會先處理第Ⅲ象限，也就是急卻不重要的事，例如例行公文要在某月某日辦完，我們一定會優先辦理，但是這種事不辦或辦好了對國家社會或個人不痛不癢。反而第Ⅱ象限的重要而不急事情經常被忽略，也許會被拖延到下一個會期或明年，甚至永遠的脫離。例如孝順父母很重要，但它一點兒也不急，常常都是等到「那日」到來，才發出子欲養而親不在的歎息！

三、會議節時法

開會的時間管理很重要，有些議題比較複雜需要事先收集資料，方便與會者投票或決策，有些牽扯個人權益，如能事前非正式聚會（餐會、下午茶），到了會議場所就能迎刃而解！相反的，事前沒有

準備，開會中臨時找資料，議而不決卻不懂得擱置議題，徒然浪費眾人時間，這是沒效率的會議，應該避免。

四、善用零散時間

日常生活中，有太多零零碎碎的時間很容易被不知不覺中浪費，起床賴床、等公車、等上課、等人等老闆、等大人物、等用餐，上大號、排隊等待……。無形中浪費了許多時間，每天加總也許會超過一小時，如果起床前能先簡單暖身，搓臉，也許可以提早清醒，或達到保健的功能。等車最好的還是聽廣播，學外文、滑手機不但傷眼睛還可能造成意外，例如2014年捷運殺人或突然被來車撞傷等。或許你也覺得生活不需要過的太緊張，自然不必計較零散時間，這眞是見仁見智，只能說效率必需計較時間吧！

五、其他

除了以上說明，最近我們還可以避免三種電器用品，電視、電腦和電話。如果能掌握電視節目時間表，可以避免看一些不重要的節目和廣告。講電話前做準備、講重點，可以節省許多時間和電話費。上網找資料如果有事先確定key word，可以避免一些無意義的流覽！

以上說的是工作上的時間管理，或短時期時間管理，你是否曾經為自己的人生訂定目標？或者浪費太多時間在完成別人為你設定的期待？一個人過了50歲，該有的社會地位和歸屬感的追求早就應該達到，50歲的人還在虛無嫖緲的戀愛，或者追求更高一層的地位，總經理、廠長、主管、校長，不是不能追求，但要順應天命，不應該汲汲營營，重點應該在自我實現，那個位置如果和你自我實現有關才去追求，如果只是多點錢，多點好名聲，眞的「不必了」。這個道理每一個人都懂，但是能眞正實踐的人不多，有許多人過的是自我實現的生活，心裡卻仍想著哪一天可以……，機會來臨時，天將降大任於斯

人，能力挽狂瀾者又幾人？

　　還有睡覺一天絕不超過八小時，六小時會更好！常常聽人說，有睡到自然醒的心願，有些可悲，好像一直都沒睡飽似的？其實睡太多（十小時以上）只是作夢，會越睡越累，原本作夢是休閒，有益創造，可是睡夢中驚醒趕時間，這些夢就不會被記錄，等於白作了！如果仔細計算，每天睡六小時，活到70歲的人，醒著的總時數等於459900小時，比一個每天睡十小時，活到80歲的人，醒著的總時數只有408800小時還要多，每天睡六小時，遠比壽命80歲，每天睡10小時的人，一生多活（醒著的時間）5萬個小時，壽命70歲，每天睡6小時的人，醒著的總時數459900小時與80歲，每天睡八小時的人相比，活80歲每天睡8小時的人，醒著的總時間為467200小時差不多。別忘了，70歲的你，體能狀態一定比80歲的你健康又有活力！不趁有活力時多活動，等到動不了時，你不想躺在床上睡到自然醒也沒有選擇！能站不要躺的道理是淺顯的，到了年老體衰時，每個人都可以睡到自然醒，應該沒有例外的吧！

附錄一　各國公路里程

國家	公路總里程	面積 (km 2)	每方公里公路里程	人口（萬人）	人均公路
臺灣	20000	36000	0.555555556	2300	8.695652174
荷蘭	101753	41000	2.481780488	1623	62.6943931
比利時	148010	30519	4.84976572	1039	142.454283
斯洛凡尼亞	37924	20253	1.872512714	199	190.5728643
瑞士	69942	41285	1.694126196	736	95.0298913
希臘	38312	131957	0.290337004	1102	34.76588022
匈牙利	160000	93030	1.719875309	1012	158.1027668
葡萄牙	60000	92082	0.651593145	999	60.06006006
奧地利	100000	84000	1.19047619	814	122.8501229
德國	219544	357030	0.614917514	8253	26.60172059
法國	980000	551600	1.776649746	5990	163.60601
日本	1,177,278	360000	3.270216667	12,746	92.36450651
韓國	86990	99091	0.878	4,904	17.73858
泰國	51360	518000	0.07	5842	6.206
印度	4420000	3290000	0.66(0.325)	94298	11.339
美國	6423644	9363123	0.686057846	290810	22.08880025
加拿大	880000	9976185	0.088210072	3136	280.6122449
巴西	1650000	8511965	0.193844782	18400	89.67391304
阿根廷	231374 (2004)	2800000	0.08263357	4100	56.4326829
南非	230000	1221042	0.188363709	4690	49.04051173
奈及利亞	193200 (2004)	923800	0.20913618	16000	0.20913618
馬達加斯加	49837	587000	0.084	1520	32.78(3.2)

澳洲	810,000	7700000	0.032	1810	136.88
紐西蘭	94000	267800	0.351008215	437	215.103
土耳其	352693	774815	0.455196402	7125	49.50077193
俄羅斯	543435	17075400	0.031825609	14416	37.69665649
阿富汗	2793	652000	0.004283742	2680	1.042164179
亞美尼亞	160000	30000	5.333333333	380	421.0526316
亞賽拜然	23000	87000	0.264367816	780	29.48717949
巴林	2433	700	3.475714286	65.1	37.37327189
孟加拉	19000	144000	0.131944444	13300	1.428571429
不丹	1994	47000	0.042425532	83	24.02409639
汶萊	399	5800	0.068793103	34.4	11.59883721
柬埔寨	1996	181000	0.011027624	1250	1.5968
中國	314000	9600000	0.032708333	128000	2.453125
香港	1911	1100	1.737272727	673	2.839524517
澳門	50	25.4	1.968503937	47	1.063829787
喬治亞	19000	70000	0.271428571	500	38
印度	1520000	3287000	0.462427746	103000	14.75728155
印尼	159000	1919000	0.082855654	22840	6.961471103
伊朗	94000	1648000	0.057038835	6610	14.22087746
伊拉克	38000	438000	0.086757991	2330	16.30901288
以色列	16000	21000	0.761904762	594	26.93602694
約旦	8000	89000	0.08988764	500	16
哈薩克	103000	2725000	0.037798165	1670	61.67664671
北韓	1997	121000	0.016504132	2200	0.907727273
科威特	3587	18000	0.199277778	200	17.935
吉爾吉斯	17000	199000	0.085427136	480	35.41666667
寮國	9674	237000	0.040818565	560	17.275
黎巴嫩	6198	10000	0.6198	360	17.21666667
馬來西亞	71000	330000	0.215151515	2220	31.98198198

馬爾地夫	10	300	0.033333333	31	0.322580645
蒙古	1724	1567000	0.001100191	265	6.505660377
緬甸	3440	377000	0.009124668	4800	0.716666667
尼泊爾	4073	147000	0.027707483	2400	1.697083333
阿曼	9840	213000	0.046197183	260	37.84615385
巴基斯坦	141000	796000	0.177135678	14100	10
菲律賓	42000	300000	0.14	7800	5.384615385
卡達	1107	11000	0.100636364	77	14.37662338
沙烏地阿拉伯	46000	2150000	0.021395349	2280	20.1754386
新加坡	3066	1000	3.066	400	7.665
斯里蘭卡	11000	66000	0.166666667	1950	5.641025641
敘利亞	27000	185000	0.145945946	1670	16.16766467
塔吉克	11000	143000	0.076923077	660	16.66666667
土庫曼	19000	488000	0.038934426	4900	3.87755102
阿拉伯聯合大公國	1088	84000	0.012952381	300	3.626666667
烏茲別克	71000	447000	0.158836689	2500	28.4
越南	23000	330000	0.06969697	8000	2.875
葉門	7705	528000	0.014592803	1800	4.280555556
阿爾巴尼亞	7020	29000	0.242068966	350	20.05714286
安道爾	198	500	0.396	7	28.28571429
白俄羅斯	66000	208000	0.317307692	1040	63.46153846
波士尼亞赫塞哥維納	11400	51000	0.223529412	390	29.23076923
保加利亞	35000	111000	0.315315315	770	45.45454545
克羅埃西亞	23800	57000	0.41754386	400	59.5
塞浦路斯	6249	9300	0.671935484	76	82.22368421
捷克	55000	79000	0.696202532	1030	53.39805825
丹麥	72000	43000	1.674418605	540	133.3333333

愛沙尼亞	10300	45000	0.228888889	140	73.57142857
芬蘭	80000	338000	0.236686391	520	153.8461538
法國	894000	552000	1.619565217	5950	150.2521008
德國	651000	357000	1.823529412	8300	78.43373494
希臘	107000	132000	0.810606061	1100	97.27272727
匈牙利	82000	93000	0.88172043	10100	8.118811881
冰島	3439	103000	0.03338835	28	122.8214286
愛爾蘭	87000	70000	1.242857143	380	228.9473684
義大利	655000	301000	2.176079734	5800	112.9310345
拉脫維亞	28000	65000	0.430769231	240	116.6666667
列支敦士登	250	160	1.5625	3.3	75.75757576
立陶宛	69000	65000	1.061538462	360	191.6666667
盧森堡	5000	2600	1.923076923	44	113.6363636
馬其頓	5540	25000	0.2216	205	27.02439024
馬爾他	1677	300	5.59	40	41.925
摩爾多瓦	11000	34000	0.323529412	440	25
摩納哥	50	19500	0.002564103	320	0.15625
荷蘭	105000	42000	2.5	1600	65.625
挪威	70000	324000	0.216049383	450	155.5555556
波蘭	249000	313000	0.795527157	3860	64.50777202
葡萄牙	59000	92000	0.641304348	1010	58.41584158
羅馬尼亞	104000	238000	0.43697479	2240	46.42857143
俄羅斯	359000	17075000	0.02102489	14550	24.67353952
聖馬利諾	220	61	3.606557377	280	0.785714286
斯洛伐克	37000	49000	0.755102041	500	74
斯洛凡尼亞	43916	20000	1	200	100
西班牙	343000	505000	0.679207921	4000	85.75
瑞典	167000	450000	0.371111111	890	187.6404494
瑞士	71000	41000	1.731707317	740	95.94594595

烏克蘭	1640000	6040	271.5231788	4900	334.6938776
英國	372000	243000	1.530864198	5900	63.05084746
南斯拉夫	31000	102000	0.303921569	1070	28.97196262
阿爾及利亞	72000	2380000	0.030252101	3170	22.71293375
安哥拉	5348	1247000	0.004288693	1400	3.82
貝南	1357	113000	0.01200885	660	2.056060606
波札那	5619	582000	0.009654639	160	35.11875
布吉納法索	2001	274000	0.00730292	1230	1.626829268
蒲隆地	1028	28000	0.036714286	620	1.658064516
喀麥隆	4288	475000	0.009027368	1580	2.713924051
維德角	858	4033	0.212744855	4460	0.192376682
中非共和國	643	623000	0.001032103	360	1.786111111
查德	2672	1284000	0.002080997	870	3.071264368
葛摩	673	2200	0.305909091	6330	0.106319115
剛果民主共和國	157000	2345000	0.066950959	5200	30.19230769
剛果	1242	342000	0.003631579	290	4.282758621
象牙海岸	4889	322000	0.01518323	1600	3.055625
吉布地	364	23200	0.015689655	7400	0.049189189
埃及	50000	1000000	0.05	6500	7.692307692
赤道幾內亞	508	28000	0.018142857	47	10.80851064
厄利垂亞	847	118000	0.007177966	430	1.969767442
衣索比亞	3789	1104000	0.003432065	6600	0.574090909
加彭	838	268000	0.003126866	120	6.983333333
甘比亞	956	11300	0.08460177	140	6.828571429
迦納	12000	239000	0.050209205	2000	6
幾內亞	5032	246000	0.020455285	760	6.621052632
幾內亞比索	453	36000	0.012583333	1300	0.348461538
肯亞	8868	583000	0.015210978	3080	2.879220779

賴索托	1087	30000	0.036233333	220	4.940909091
賴比瑞亞	657	111000	0.005918919	320	2.053125
利比亞	48000	176000	0.272727273	520	92.30769231
馬達加斯加	5780	587000	0.009846678	1600	3.6125
馬拉威	5254	118500	0.044337553	1050	5.003809524
馬利	1827	1240000	0.001473387	1100	1.660909091
茅利塔尼亞	866	1026000	0.000844055	275	3.149090909
模里西斯	1868	1900	0.983157895	1200	1.556666667
摩洛哥	33000	447000	0.073825503	2900	11.37931034
莫三比克	5685	802000	0.007088529	1800	3.158333333
納米比亞	9040	824000	0.010970874	200	45.2
尼日	798	1267000	0.000629834	1040	0.767307692
奈及利亞	60000	924000	0.064935065	12700	4.724409449
盧安達	996	26000	0.038307692	900	1.106666667
聖多美及普林西比	218	1000	0.218	1510	0.144370861
塞內加爾	4271	197000	0.021680203	1000	4.271
獅子山	895	72000	0.012430556	500	1.79
索馬利亞	2608	638000	0.004087774	900	2.897777778
南非	74000	1221000	0.060606061	4300	17.20930233
蘇丹	4320	2506000	0.001723863	3200	1.35
史瓦濟蘭	814	17000	0.047882353	110	7.4
坦尚尼亞	3704	945000	0.003919577	3400	1.089411765
多哥	2376	57000	0.041684211	5200	0.456923077
突尼西亞	18000	164000	0.109756098	970	18.55670103
烏干達	1809	241000	0.007506224	2300	0.786521739
尚比亞	40000	753000	0.05312085	980	40.81632653
辛巴威	8692	391000	0.022230179	1170	7.429059829
安地卡巴布達	250	400	0.625	680	0.367647059

阿根挺	64000	2770000	0.023104693	3740	17.11229947
巴哈馬	3350	10000	0.335	31000	0.108064516
巴貝多	1578	4300000	0.000366977	2680	0.58880597
貝里茲	488	23000	0.021217391	2560	0.190625
玻利維亞	3496	1100000	0.003178182	830	4.212048193
巴西	95000	851	111.6333725	17500	5.428571429
加拿大	318000	99710000	0.003189249	3160	100.6329114
智利	15000	767000	0.019556714	1530	9.803921569
哥倫比亞	16000	1139000	0.01404741	4300	3.720930233
哥斯大黎加	7896	51000	0.154823529	400	19.74
古巴	30000	111000	0.27027027	1100	27.27272727
多米尼克	390	754	0.517241379	7	55.71428571
多明尼加 共和國	6224	49000	0.127020408	900	6.915555556
厄瓜多	81674	284000	0.287584507	1300	62.82615385
薩爾瓦多	1986	21000	0.094571429	600	3.31
格瑞那達	638	300	2.126666667	10	63.8
瓜地馬拉	4870	109000	0.044678899	1300	3.746153846
蓋亞納	590	215000	7700		#DIV/0!
海地	1011	28000	0.036107143	696	1.452586207
宏都拉斯	2775	112000	0.024776786	640	4.3359375
牙買加	13000	11000	1.181818182	270	48.14814815
墨西哥	108000	1973000	0.054738976	10190	10.5986261
尼加拉瓜	2094	1295000	0.001616988	490	4.273469388
巴拿馬	3944	78000	0.050564103	280	14.08571429
巴拉圭	15000	407000	0.036855037	570	26.31578947
祕魯	9331	1285000	0.007261479	2750	3.393090909
波多黎各	14000	9000	1.555555556	389	35.98971722
聖露西亞	63	600	0.105	1590	0.039622642

聖文森與格瑞那丁	320	400	0.8	1160	0.275862069
蘇利南	1178	163000	0.007226994	42	28.04761905
千里達托貝哥	4252	5000	0.8504	130	32.70769231
美國	3710000	9630000	0.385254413	28500	130.1754386
烏拉圭	8085	176000	0.0459375	300	26.95
委內瑞拉	32000	912000	0.035087719	2500	12.8
澳大利亞	314000	7690000	0.04083225	1940	161.8556701
斐濟	1695	18300	0.092622951	81.7	20.74663403
吉里巴斯	27	800	0.03375	9.8	2.755102041
馬紹爾群島	64.5	181	0.356353591	5.6	11.51785714
密克羅尼西亞	42	700	0.06	12	3.5
諾魯	24	21	1.142857143	1.26	19.04761905
紐西蘭	58000	271000	0.21402214	400	145
帛琉	36	458	0.07860262	2	18
巴布亞紐幾內亞	686	463000	0.001481641	510	1.345098039
薩摩亞	332	2800	0.118571429	17.4	19.08045977
索羅門群島	34	28900	0.001176471	43.1	0.788863109
東加王國	184	800	0.23	10.1	18.21782178
吐瓦魯	8	26	0.307692308	1.1	7.272727273
萬那杜	256	12200	0.020983607	20.1	12.73631841
阿富汗	2793	652000	0.004283742	2680	1.042164179
亞美尼亞	160000	30000	5.333333333	380	421.0526316

公路資料來源：聯合國2007統計資料&https://www.cia.gov/library/publications/the-world-factbook/rankorder/2085rank.html

國家圖書館出版品預行編目資料

文化資源導論／王志明著. －－初版.－－臺
北市：五南，2016.03
　面；　公分
ISBN 978-957-11-8544-6（平裝）
1.文化
541.2　　　　　　　　　105003252

1L98　觀光系列

文化資源導論

作　　　者 ― 王志明

發 行 人 ― 楊榮川

總 編 輯 ― 王翠華

主　　　編 ― 黃惠娟

責任編輯 ― 蔡佳伶

封面設計 ― 陳翰陞

出 版 者 ― 五南圖書出版股份有限公司

地　　　址：106台北市大安區和平東路二段339號4樓

電　　　話：(02)2705-5066　　傳　　　真：(02)2706-6100

網　　　址：http://www.wunan.com.tw

電子郵件：wunan@wunan.com.tw

劃撥帳號：19628053

戶　　　名：五南圖書出版股份有限公司

法律顧問　林勝安律師事務所 林勝安律師

出版日期　2016年3月初版一刷

定　　　價　新臺幣200元